KB150338

사진: 해리 제르니커

VELO

BICYCLE CULTURE AND STYLE

벨로:
자전거 문화와
스타일

propaganda

PRE FACE

BY
SHONQUIS
MORENO

서문
샨퀴스 모레노

옛날 옛적, 기원전 3600년경 누군가가 수레에 바퀴를 달았다. 그리고 4400년이 흐른 뒤 마침내 바그다드에 타르로 포장한 길이 생겼다. 하지만 자전거가 등장한 것은 한참이 더 지나서다. 1817년 독일의 카를 드라이스 남작은 간단한 안장 아래에 바퀴 두 개를 설치했고, 그로부터 200년 후 자전거는 사람의 힘으로 움직이는 가장 효율적인 이동 수단을 대표하게 됐다. 자전거는 다리 동작의 최대 99%가 추진력으로 전환되며, 휘발유 1리터에 맞먹는 에너지로 무려 1000km 이상을 달릴 수 있다. 아울러 오늘날 자동차 배기가스는 교통사고보다 더 많은 사람을 죽음으로 내몬다는 사실, 그리고 차가 막힐 땐 자전거가 더 빠르다는 사실을 생각해보면 자전거만 한 교통수단이 없다. 때마침 자전거는 심미적 측면과 기술적 측면이 만족스러운 조화를 이루며 급속히 발전하고 있고, 많은 개인 소유물이 그러하듯 내가 어떤 사람이며 어떤 사람이 되고 싶은지를 표현하는 수단으로 자리 잡게 됐다. 물론 이 모든 이유로 인해 자전거는 정치적이기도 해서 스포츠 윤리부터 여성 해방, 지구온난화, 의료, 도시계획까지 다방면에 걸쳐 격렬한 논쟁을 야기하기도 한다.

무엇보다 자전거는 당대의 가장 풍부한 하위문화를 구성하는 주제이자 대상으로서 전 세계 구석구석으로 스며들고 있다. 경륜계가 랜스 암스트롱의 약물 복용과 그에 따른 투르 드 프랑스 타이틀 박탈을 둘러싼 진실을 힘겹게 받아들이고 있는 와중에도 자전거에 대한 전반적 열기는 뜨거워져만 간다. 이는 비단 유럽에서 가장 유서 깊은 자전거의 수도 코펜하겐이나, 일찌감치 1970년대에 정부가 전국 도시의 자전거 기반 시설에 투자를 한 네덜란드만의 이야기가 아니다. 2000년 이후 미국 주요 도시에서 자전거 통근지는 70% 넘게 늘었고 미국의 대표적인 자전거 도시로 자리매김한 오리건 주 포틀랜드 같은 경우 250% 이상 급증했다. 이처럼 자전거 문화는 양적으로도 성

도쿄바이크 46~49쪽

VELO: BICYCLE CULTURE AND STYLE

8

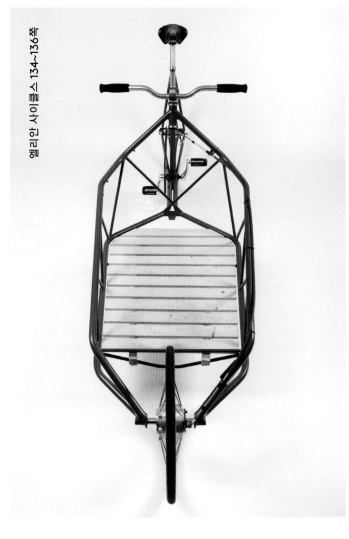

헬리언 사이클스 134~136쪽

그 이래로 자전거는 커다란 진보를 이룩했고, 40년 후에는 디레일러(변속기)가 등장하기에 이른다. 이 책에서 우리는 나날이 세력을 확장해가는 자전거족을 만나게 된다. 이제 이들은 여기저기 흩어져 있는 한 민족에 그치는 것이 아니라 여러 계통으로 갈라져 국경을 넘나들며 세계 곳곳에 저마다의 유전자를 퍼뜨린다. 자전거 및 장비에 대한 특정한 태도와 취향을 공유하는 이 개별 종족들은 제각기 다르지만 겹치는 부분도 있다. 저마다 별도의 행사를 개최하고 저마다 다른 지형을 타고 오르지만, 모두가 자전거를 통해 다차원적 삶을 엮어가는 데 열정을 바친다는 점은 같다. 이는 곧 자전거를 타고 또 자전거를 디자인하는 사람들이 점점 더 다채로워지고 있음을 의미한다. 이제 그것은 비단 전문가의 영역에만 국한되지 않는다. 산업 디자이너, 건축가, 자전거 정비공을 지망하는 마니아, 항공우주공학자, 집에서 육각 렌치로 자전거를 손보는 아마추어 등 자전거에 푹 빠진 사람이라면 누구나 자전거를 직접 만드는 데에도 뛰어든다. 아무 연관이 없던 사람들이 자전거로 출퇴근 및 여행을 하거나 친환경적 사업을 시작하면서 유대감을 형성하고, 다양한 개성과 목적을 가진 이들이 함께 모여 공식적이거나 비공식적인 자전거 네트워크 또는 조직을 결성한다. 요즘은 오히려 이러한 비전문가들이 자전거를 자신의 삶에서 아주 중요한 것으로 여기는 반면 프로 선수들은 자전거가 인생의 전부가 아니라고 말한다. 이는 일시적 유행처럼 보였던 자전거 열풍이 어느덧 주류 문화에까지 깊숙이 침투했음을 시사한다.

도시

어디나 그렇지만 특히 인구 밀도가 높은 대도시에서 자전거 문화는 도시계획, 지속가능성, 공중 보건, 이동성 등에 영향을 미치는 정치적 쟁점과 직결된다. 자전거 배달원(바이시클 메신저)들은 굉장히 독립적인 종족으로서 예나 지금이나 독특한 지위를 유지하고 있으며 그 밖의 도시 라이더들은 이제 더욱 다양한 사람들을 포괄하게 되었다. 자전거는 지하철 승강장에서 여지없이 발걸음을 멈추거나 버스 정류장에 줄을 서서 지루한 시간을 보내야 하는 도시인들을 해방시킨다. 도시의 라이더들은 각자 구할 수 있는 온갖 재료로 자전거를 개성 있게 꾸미며, 자전거의 높낮이부터가 천차만별이라 행인들에게 볼만한 구경거리를 선사한다.

2011년 이후 뉴욕은 수 마일에 이르는 길을 녹색 페인트로 칠해 200여 개의 자전거도로를 조성했다. 거기까진 좋았으나, 자전거도로에는 자전거만 다닐 수 있게 하는 데는 실패하고 말았다. 영화 제작자 케이시 나이스탯(Casey Neistat)은 자전거 차선을 벗어나 달렸다는 이유로 뉴욕 시에 50달러의 벌금을 물었고, 이에 항의하는 영상을 제작해 유튜브에 올렸다. 공사 장비, 택시, 운전 중인 트럭, 움푹 팬 구멍, 이중 주차한 차량, 심지어 경찰차까지, 자전거도로에 널려 있는 온갖 장애물에 부딪히면서도 굴하지 않고 규정대로만 자전거를 탈 경우 어떤 일이 벌어지는지를 보여주는 그 영상은 1년여 만에 약 6백만의 조회 수를 기록했다.

자전거로 인해 곤경에 빠진 도시는 뉴욕만이 아니다. 19세기 중반의

장하고 있지만 그 코드나 미학 및 몰입도의 측면에서 폭과 깊이를 더해오기도 했다. 하나의 트렌드로서 확실히 뿌리를 내렸으며 과거의 정교함을 되찾은 자전거 문화는 요컨대, 꾸준히 성장해온 끝에 지금에 이른 것이다.

카를 드라이스 남작이 나무와 황동과 쇠로 '달리는 기계'(Laufmaschine)를 구상한 계기는 임차인들로부터 세금을 걷으러 다니기 위해서였다. 임차인들에게는 안타까운 일이지만, 그걸 타면 한 시간에 13km 이상을 갈 수 있었다. 드라이지네(draisine) 또는 드레지엔(draisienne)이라 불리게 된 이 발명품은 인간의 힘으로 움직이는 탈것으로서 페달은 없지만 조향이 가능하고 두 개의 바퀴가 직선으로 배열돼 있었다. 말하자면 아이들이 발을 굴려서 타는 밸런스바이크와 비슷한 형태였다. 그런 까닭에 이를 제작한 수레 장인들은 '보행용 이륜차'라는 앞뒤가 안 맞는 별명을 붙였고, 대중들은 유치한 장난감처럼 보였는지 '목마'(hobby horse)나 '멋쟁이 말'(dandy horse) 같은 애칭으로 불렀다. 사실 두 발로 번갈아 땅을 차 앞으로 나아갔기 때문에 사람이 말이 되는 것이나 다름없었다. 그러다 1860년대 프랑스에서 크랭크와 페달이 달린 벨로시페드(vélocipède)가 실용화되면서 마침내 '자전거'란 용어가 쓰이기 시작했다.

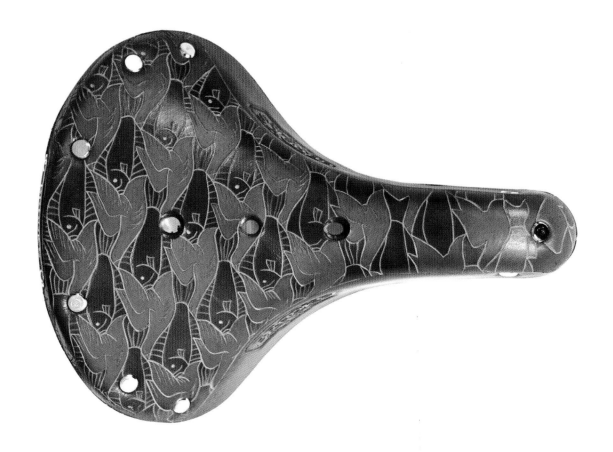

벨로시페드만 해도 갖가지 말썽을 일으켰다. 오늘날에 비하면 충돌 사고가 그리 많지는 않았지만, 당시 자전거는 울퉁불퉁한 도로보단 매끄러운 보도로 다니는 일이 많았기 때문에 유럽 도시들은 자전거 통행을 전면 금지하거나 위반 시 과태료를 부과하는 규정을 마련하기 시작했다. 그러나 라이더들이 가장 큰 수난을 겪은 곳은 도로 사정이 좋지 않았던 영국과 미국이었다. 얼마나 힘들었으면 그들은 천진난만하게 들리는 '목마' 대신 '본셰이커'(boneshaker)라는 새로운 별명을 지었는데, 딱딱한 프레임과 철제 바퀴로 된 그 자전거를 타면 뼈가 다 덜덜거렸기 때문이다(이 문제는 후에 볼베어링과 튼튼한 고무 타이어를 장착하면서 많이 해소된다). 21세기에 접어든 지금 우리는 스웨덴의 스튜디오 회브딩(Hövding)이 개발한 '보이지 않는 자전거 헬멧'의 편리함을 누리고 있다. 이 헬멧은 간단히 목에 두르기만 하면 돼서 평상시엔 눈에 잘 띄지 않지만 충돌이 발생하면 에어백처럼 부풀어 나온다. 배터리식 센서가 착용자의 움직임을 감시하다가 비정상적 동작이 감지되면 헬륨 가스 발생기에 신호를 보내도록 하는 알고리즘을 적용한 것이다.

오늘날 자전거와 관련한 가장 창의적인 해결책들은 주로 도시에서 나온다. 자전거 문화가 잘 발달한 네덜란드와 프랑스에서 1960~70년대에 등장한 공공 자전거 프로그램이든가, 스핀리스터(Spinlister, 한때 '리퀴드'로 이름을 바꾸었으나 2013년 4월 다시 '스핀리스터'로 되돌아왔다—옮긴이)처럼 가까이 사는 사람들끼리 자전거를 빌리고 빌려줄 수 있도록 온라인 네트워크를 제공하는 새로운 플랫폼 등이 그러한 예다. 유사한 해결책 중에는 라이더들이 자발적으로 만들어낸 것도 있다. 예컨대 허리케인 샌디로 로어맨해튼에 전기가 끊기고 교통이 마비됐을 때 자전거 동호인들은 '바이크 트레인'을 조직해 사람들을 사무실까지 태워다 주었다. 또 자전거와 관련한 시민운동 크리티컬 매스(Critical Mass)는 2012년에 20주년을 맞았는데, 샌프란시스코에서 열린 자전거 타기 행사가 시발점이 된 이 운동은 별다른 지도자가 없으나 세계 여러 도시로 번져 나가면서 매월 마지막 금요일에 '조직적으로 동시에' 일어나게 되었다.

자전거 배달원들은 점점 더 빨라지는 도시의 속도와 보조를 맞추기 위해 트랙용 자전거를 개조한 고정 기어 자전거(픽시)를 타고 다니면서 도시 생활에 내재하는 위험을 몸소 보여준다. 한편 요즘은 픽시를 도로 주행용으로 좀 더 적합하게 만들고 외관을 보다 세련되게 꾸민 믹시(Mixie) 같은 하이브리드 자전거도 인기를 끌고 있다. 원래는 공간이 부족한 일본인들이 타기 알맞도록 속도보다는 편안함에 중점을 두고 디자인된 도쿄바이크(Tokyobike)는 이제 느긋하게 즐기는 라이딩을 표방하며 세계로 진출해 있다.

다른 의미에서 공간 부족을 해결하는 자전거도 있다. 영국 스튜디오 아이투핸드(Eyetohand)의 '연체 곡예' 자전거 컨토셔니스트(Contortionist)는 프레임을 차곡차곡 접으면 바퀴 사이에 모두 들어가는 것이 특징이며 체인 대신 내장형 유압 장치로 구동한다. 영국의 덩컨 피츠시몬스(Duncan Fitzsimons)가 디자인한 프로토타입은 한발 더 나아가 프레임뿐 아니라 바퀴까지 접혀서, 지금까지 구상된 모든 자전거를 통틀어 가장 간편하게 휴대 가능한 크기를 자랑한다. 한편 카고 자전거는 도시에서의 수송 문제에 초점을 맞춘다. 네덜란드의 엘리안 펠트만(Elian Veltman)이 디자인한 카고바이크들은 식료품, 아이들, 화물 등을 실어 나름으로써 도시의 짐을 덜어준다.

패션과 정체성

색상과 재단과 재료에 날로 더욱 신경을 쓰는 오늘날의 자전거 '패션'은 기성품과 오트쿠튀르를 아우른다. 자전거에 입문한 지 그리 오래되지 않은 라이더 중에는 유행을 앞서 가는 세련되고 멋진 사람들이 상당수인데, 그들은 어느새 자전거 전문가가 되고 자전거에 중독되고 자전거와 사랑에 빠지고 만다. 자전거 문화가 디자인이나 심미성과 겹치는 지점은 그들이 추구하는 자기표현, 창의성과 멋스러움의 교차점과 일치하기 때문일 터다. 스타일을 선도하는 이 사람들은 과거를 돌아보는 동시에 미래를 예견하면서 자신을 정의하고, 세상 속 자신의 위치를 규정한다. 그들이 자전거에 빠져듦에 따라 다채로운—때로는 강렬하고 때로는 은은한—그래픽과 도상, 색 배합, 브랜딩이 쏟아져 나오는가 하면 감탄을 자아내는 세부 장식이 프레임 튜브를 감싸고, 안장에 새겨지고, 바퀴살 사이사이에 엮여 들어가게 되었다. 운동화나 칫솔 같은 일상 용품이 그러하듯 자전거 프레임과 액세서리도 요즘은 디자인이 과한 경우가 많은 것이 사실이지만, 그래도 훌륭한 작품은 그야말로 하나의 작품이다. 카라 긴더(Kara Ginther)의 브룩스(Brooks) 가죽 안장이라든가, 역시 브룩스 제품인 소풍 가방 같은 것은 루이뷔통에서 나온 게 아닐까 싶을 정도로 정교하고 고급스럽다. 주문 제작뿐 아니라 대량 맞춤형 자전거를 생산하는 곳이 늘어난 것도 그러한 라이더들이 가져온 변화인데, 그로 인해 아름다운 자전거들이 양산되고 있다. 가령 스웨덴의 바이크아이디(BIKEID)는 선택 가능한 색상 조합이 1만 가지가 넘고 고객이 자신이 탈 자전거를 디자인하는 데 직접 참여하는 것을 중요하게 생각하며, 바이크 바이 미(Bike By Me)는 온라인으로 사양을 지정할 수 있는 '가상 주문 시스템'을 제공한다.

이와 같은 변화는 사실상 커스텀 프레임과 대량 맞춤형 자전거 자체가 새로운 액세서리로 부상했음을 의미한다. 그런 자전거는 더 이상 열혈 라이더만의 전유물이 아니며 힙스터와 패셔니스타를 비롯해 '나만의 것'으로 자신의 정체성을 표현하고자 하는 도시인들에게 널리 어필한다. 말하자면 헤드폰, 스마트폰, 스니커즈 등과 마찬가지로 자전거도 개성을 드러내는 하나의 수단이 된 것이다.

액세서리는 집에 설치하는 것부터 자전거에 다는 것과 라이더가 착용하는 것까지 다양하다. 집 안에 자전거를 보관하는 문제가 요즘처럼 주목을 받은 적은 일찍이 없었는데, 쿼테르(Quarterre)는 대나무를 세공하거

나 철판을 접어서 만든 자전거 거치대를 통해 벽에 자전거를 거는 것도 일종의 예술이 될 수 있음을 보여준다. 한국의 정영근과 정아름은 동그란 실리콘 스티커와 탄력 밴드를 이용해 릴(Reel)이라는 수납 액세서리를 만들었다. 프레임의 삼각형 부분에 이 밴드를 칭칭 감으면 소지품과 바게트 따위를 넣을 수 있는 바구니가 된다. 페루에서는 프랑스 디자이너의 패션 레이블 미제리코르디아(Misericordia)가 아비치(Abici) 자전거와 손을 잡고 드레지엔을 재해석한 벨로치노(Velocino)를 선보이고 그에 어울리는 재킷과 폴로셔츠도 함께 디자인했다.

재해석은 피상적인 수준에 머무는 경우도 있지만 과거의 것을 보다 심도 깊게 되살리는 경우도 있다. 현대판 페니파딩(penny-farthing)이라 할 수 있는 뱅가드(Vanguard)의 처칠(Churchill)은 아주 큰 앞바퀴와 아주 작은 뒷바퀴로 이루어져 있다. 프랑스인 외젠 메예르(Eugene Meyer)가 디자인한 페니파딩은 1860년대부터 약 20년간 큰 인기를 끌었던 자전거로서 커다란 앞바퀴로 인해 속도는 빨랐지만 아쉽게도 안전성이 떨어지는 문제가 있었다. 더욱이 여성들은 빅토리아 시대의 관습에 묶여 있는 데다가 빳빳한 고래수염을 댄 코르셋을 입어야 했던 까닭에, 1890년대에 안전자전거(safety bicycle)가 유행하기 전까지 페달을 밟는 일이 많지 않았다.

안전자전거의 등장은 주로 젊은 남성들이 즐기던 위험한 놀이 기구를 남녀 모두가 일상적으로 이용하는 실용적인 교통수단으로 바꾸어 놓았다. 여성참정권 운동을 펼친 수전 B. 앤서니(Susan B. Anthony)는 자전거를 "자유의 기계"라 일컬으며, 자전거는 "세상의 다른 어떤 것보다도 여성 해방에 더 크게 기여했다"고 말했다. 코르셋과 발목까지 내려오는 스커트를 벗어 던지고 블루머라는 진보적이고 '합리적인' 패션을 택한 여성들 사이에서 자전거는 열풍을 일으켰다. 1895년 무렵 여권 운동가 프랜시스 윌러드(Frances Willard)는 자전거 타기를 메타포로 사용하면서 "저는 가속도가 붙어 전기를 맞을 수 있는 상황에서 마찰을 일으켜 제동을 거는 데 인생을 낭비하지 않을 것입니다"라는 말로 동조자들을 선동했다.

최첨단 목마와 역마

오늘날은 어느 분야나 기술이 크게 각광받는 시대임은 두말할 나위가 없다. 자전거를 디자인하는 이들은 기술의 한계에 도전하고, 다른 이들은 새로운 기술을 받아들이며 자신의 한계에 도전한다. 기술에 주목하는 제조사와 디자이너들은 가볍고 튼튼하면서도 날렵한 프레임과 부품 및 장비를 개발해 천분의 일 초라도 더 빠른 자전거를 세상에 내놓고자 하며, 그러기 위해서 컴퓨터이용설계(CAD), 유한요소해석(FEA), 전산유체역학(CFD) 등을 이용한다. 또한 컴퓨터 시뮬레이션은 디자인 테스트를, 하이드로포밍과 카본파이버(탄소섬유) 자동 레이업은 제품 생산을 도와준다. 독일 브랜드 캐니언(Canyon) 등 일부 제조사의 경우 CT 스캐너도 보유하고 있으며 3D 프린터로 프로토타입을 제작한다.

전성기를 맞은 자전거 기술은 유선형 튜브, 가죽 소재의 멋들어진 소풍 가방, 송아지 가죽을 씌우고 끈으로 마감한 핸들 같은 외피 속에 보이지 않게 감추어져 있다. 전자 장치는 급속히 확산되었다가 슬그머니 사라지곤 하는데, 사이클로컴퓨터(주행계)에 이어 지금은 파워미터(운동량 측정기)와 전자식 변속 장치가 한창 생산되고 있다. 펜실베이니아대학교 기계공학과 학생들은 '통합 시스템'을 적용한 자전거 알파(ALPHA)를 개발했다. 알파는 벨트 구동계가 내장돼 있고, 고정 기어와 프리휠 간 전환이 가능한 전자 제어 클러치가 장착돼 있으며, 핸들 중앙에 LCD 디스플레이가 있어서 라이딩 데이터를 SD 카드에 기록하고 보여준다.

유럽 철강 산업의 쇠퇴, 아시아 시장의 호황, TIG 용접법의 확산이 맞물려 일어났던 1970년대와 1980년대에 많은 자전거 브랜드는 스틸 프레임을 버리고 내구성이 뛰어나면서도 비교적 가벼운 알루미늄, 티타늄, 카본 프레임으로 돌아서게 된다. 그렇지만 새로운 소재와 기법의 도입이 모두 성공적인 결실을 맺었던 건 아닌데, 1980년대에 스웨덴 브랜드 이테라(Itera)는 전체를 플라스틱으로 만든 자전거를 출시했으나 판매율 저조로 생산을 중단하고 만다.

어쨌거나 기술 혁신은 자전거계의 목마와 역마, 다시 말해 레저용과 실용 자전거 모두를 더욱 완벽하게 만들어왔다. 전 세계를 누빌 수 있는 트레킹 자전거부터 항공우주공학자 댄 하네브링크(Dan Hanebrink)가 개발한 극지 자전거, 그리고 도시 생활을 벗어나 경치 좋은 곳에서 익스트림 스포츠나 나들이를 즐기고자 하는 라이더들을 위한 산악 및 여행용 자전거에 이르기까지 첨단 기술을 적용한 제품들이 속속 나오고 있다.

하지만 이런 시대를 살아가는 우리는 '하이테크'를 멀리하고 싶을 때도 있다. 스피드맥스 CF 이보(Speedmax CF Evo)는 다른 최신식 자전거에 비하면 로테크 수공 제품에 가깝지만, 설정 가능한 형태가 7500여 가지로 타의 추종을 불허한다. 따라서 라이더는 옷을 몸에 맞춰 입듯 각 부분을 조금씩 조절해 자신에게 딱 맞는 자전거를 만들어 탈 수 있다. 대나무나 목재 같은 천연 소재로 돌아간 제품 역시 하이테크의 반대편에 있다. 앤디 마틴(Andy Martin)은 독일 가구 브랜드 토네트(Thonet)의 의뢰를 받아 너도밤나무를 우아하게 휘어서 로드바이크를 만들었다. 한편 사용자가 직접 제작하는 방식의 자전거도 있는데, 트리스탕 코프(Tristan Kopp)가 디자인한 프로듀저(prodUser)는 연결 부품만 제공하는 일종의 로테크 DIY 자전거로서 나머지 부분은 각자 사는 지역에서 구할 수 있는 재료를 이용해 완성하면 된다.

양주 벨로 뱅타주 114~115쪽

클래식과 명인

자전거의 역사와 가치를 가장 잘 보존하는 쪽은 아무래도 클래식 애호가들이다. 빈티지 장비와 자전거 그리고 옛 생활 방식에 대한 그들의 애착은 스타일뿐만 아니라 어떤 특정한 종류의 몰입 및 이상과도 관계가 깊다. 클래식파는 장인 정신과 스포츠 정신을 중시하고 꼼꼼한 디테일에 탐닉하는 열정적인 사람들이다.

넘쳐 나는 정보와 환한 LCD 불빛으로 가득한 디지털이 우리의 삶을 지배하는 것에 대한 반발로 최근 들어 각종 수공예가 부활하고 있다. 이러한 움직임은 주류 문화와 더불어 자전거 프레임 제작 분야에서도 나타난다. 각 부분의 연결 구조가 겉으로 드러나 있고 보이는 상태 그대로인 기계 장치, 누구나 마음만 먹으면 수리까지도 할 수 있는 이 기계 장치에는 어떤 합리적인 우아함이 있다. 그래선지 요즘은 손으로 프레임을 만드는 프레임 빌더는 그래피티 작가나 스트리트 아티스트처럼 낭만적이고 매력적인 존재로 여겨진다. 하이테크 디자이너가 잠재적 혁신을 추구한다면, 프레임 빌더는 오래전에 이미 그 가치가 증명된 혁신을 찬미한다.

수제 프레임 제작은 이탈리아와 프랑스에 뿌리를 둔 유서 깊은 공예다. 그런 이유로 베를린에 위치한 자전거 숍 치클리 베를리네타(Cicli Berlinetta)를 운영하는 더스틴 노더스(Dustin Nordhus)는 주로 이탈리아산 프레임과 부품만을 고집한다. 유일한 예외라면 신발과 가방과 케이스 및 안장인데, 이들 제품은 가령 스페인의 수제화 장인이나 가죽공예 협동조합이 만든 것을 취급한다. 어느 나라의 것이든 중요한 건 어쨌거나 모두 장인의 공예품이라는 점이다.

오늘날 자전거의 클래식을 추구하는 브랜드 가운데 가장 잘 알려진 것은 아마 라파(Rapha)일 것이다. 라파는 고기능성 로드웨어뿐 아니라 매장 겸 교류 장소로 기능하는 '사이클 클럽', 멋진 코스를 달리는 자전거 대회 등으로 다수의 열성적인 팬을 확보했다. 클래식한 것을 좋아하는 라이더들은 트위드 모자나 케이프를 착용함으로써 벨로시페드가 거리를 누비던 시절에 경의를 표한다. 그중에는 라파가 후원하는 젠틀먼스 레이스(Gentlemen's Race)나, 19세기 후반 이탈리아에서 열린 지구력 경기에 기원을 둔 비경쟁 장거리 대회인 아우닥스(Audax) 같은 복고적 행사에 참가하는 이들도 있을 것이다. 이탈리아의 아우닥스는 20세기 초에 프랑스로 건너가 경기 규칙이 공식화되었으며 참가자는 랑도뇌르(randonneur, 랜도너)라고 불리게 됐다. 치클리 베를리네타의 직원들은 일 년에 한 번씩 토스카나에서 개최되는 레로이카(L'Eroica) 같은 클래식 대회에 출전해 자갈길을 달리며 바퀴의 진동을 몸으로 느끼고 '활석 향'이 나는 흙먼지 냄새를 맡으며 스틸 로드바이크에 대한 사랑을 공유한다. 그리고 그 기간에는 영업시간을 단축하고 한 명만 남아 가게를 지키면서 '예약 손님만' 받는다.

이와 같은 순례는 단순히 과거의 라이더가 되어 보는 체험이나 놀이의 차원이 아니다. 그것은 자전거 애호가들의 체력과 창의력을 기리는 고도의 찬사다. 자전거 문화가 도처에 활짝 핀 우리 시대에 자전거는 그 어느 때보다 우리의 삶 속 깊이 들어와 있다. 그러니 지나간 시절과 옛것의 가치에 대해 그리움을 느낄 필요도 없고 '아! 왜 이젠 더 이상 그런 자전거가 나오지 않는 걸까?' 하고 탄식할 필요도 없다. 사실 지금도 누군가는 '그런' 자전거를 만들고 있기 때문이다. 지금 당신이 있는 곳에서 아마도 그리 멀지 않은 어딘가에서.

사진: 해리 제르니카

CUSTOMIZING
FASHION
FIXED GEAR
ACCESSORIES
SHOPS

BIKE BOUTI-QUE

자전거 부티크
주문 제작, 패션,
고정 기어, 액세서리, 숍

뱅가드

디자인 스튜디오 앙겔루스 노부스(Angelus Novus)이 설립자 숀 쿠아 (Shaun Quah)와 자신타 소니아 네오(Jacinta Sonja Neoh)가 운영 하는 뱅가드 바이시클스(Vanguard Bicycles)는 싱가포르 자전거 문화 의 급속한 성장에 기여해왔다. 뱅가드는 세상에 단 하나밖에 없는 독특 한 자전거를 디자인할 뿐만 아니라 주문 제작과 클래식 자전거 개조 서비

스도 제공한다. 숀과 자신타는 미술, 건축, 음악, 그리고 클래식 자전거와 모터사이클의 비례에서 디자인을 위한 영감을 얻는다고 한다. 제작은 싱 가포르 및 미국 포틀랜드의 팀들과 협력하고 있다.

1. 유라(Yura) 2. 덱스터(Dexter)

도스노벤타

스페인어로 '290'을 뜻하는 도스노벤타(Dos-noventa)의 모든 자전거는 보텀 브래킷(페달 회전축)의 높이가 290mm이다. 카본, 스틸, 알루미늄 소재의 도시형 수제 트랙 자전거를 전문으로 하는 도스노벤타는, 바르셀로나 픽시 문화의 주축이자 픽시 전문점 '크림 바이크스 앤드 싱스'를 운영하던 후안마 포소(Juanma Pozo)와 후안 과달라하라(Juan Guadalajara)가 2010년에 설립한 자전거 숍이다. 그들이 작성한 사양서에 따라 이탈리아에서 제작된 프레임이 바르셀로나에 도착하면 나머지 부품을 조립해 자전거를 완성한다. 컬트적 추종자들이 생겨난 덕택에 도스노벤타는 현재 라이더 팀을 보유하고 있는데, 이들은 신제품을 시승하는 한편 국제 행사에서 도스노벤타 대표로 활약한다.

1. 휴스턴 로(Houston Raw)

도스노벤타

1. 바르셀로나(Barcelona)
2. 휴스턴 라임(Houston Lime)
3. 도쿄(Tokyo)
4. 디트로이트(Detroit)

미제리코르디아 × 아비치 푸가

페루의 패션 레이블 가운데 유일하게 세계적인 명성을 얻은 미제리코르디아(Misericordia)는 프랑스 디자이너 오렐리앙(Aurelyen)이 지속 가능한 생산 방식에 따라 고급 패션을 창조하겠다는 목표를 내걸고 2002년에 설립한 회사다. 최근 미제리코르디아는 이탈리아의 클래식 자전거 제조사 아비치(Abici)와 함께 한정판 자전거 시리즈를 선보였다. 1950년대 자전거의 외형을 본뜨고 미제리코르디아를 대표하는 짙은 청색과 흰색을 입힌

도시형 레이싱바이크 코르사(Corsa), 우아한 픽시 푸가(Fuga), 1930년대 드레지엔을 재해석한 벨로치노(Velocino) 등이 그것이다. 이 자전거들을 위해 오렐리앙이 특별히 디자인한 레트로풍의 우아한 캐주얼 재킷과 티셔츠 및 폴로셔츠는 활기차고도 신사적인 느낌을 더한다.

뱅가드 자이어스(Gires) (왼쪽)

오하나 픽스트/빅테이트

하와이어로 가족을 뜻하는 단어 '오하나'를 붙인 오하나 픽스트(Ohana Fixed)는 런던의 젊은 픽시 라이더 모임이다. 멤버들이 에드워드 리 (Edward Li)가 설립한 영국 스트리트웨어 브랜드 빅테이트(Victate)의 캡슐 컬렉션 메인라인(Mainline)을 맞춰 입고 달리면서 결속력과 미적 취향을 표현하고 있다.

바이크아이디

"모든 자전거는 생산 라인을 떠난 이후엔 우리와 새로운 주인이 함께 만들어갑니다." 스톡홀름에 위치한 바이크아이디(BIKEID)의 공동 운영자 안데르스 달베리(Anders Dahlberg)가 말한다. 홀트만 파르트 복트 스튜디오(Studio Hultman Part Vogt)가 디자인한 매장은 각종 장비를 갖춘 작업장 겸 부티크다. 바이크아이디는 도시 라이더에게 적합한 특징을

고루 갖춘 미니멀한 디자인의 남성용 및 여성용 스틸 프레임 자전거를 제작한다. 2012년에 출시한 모델들은 2단 기어와 코스터 브레이크를 내장한 허브가 장착돼 있고 핸드 브레이크도 추가로 달려 있다. 고객은 프레임, 체인, 타이어, 흙받기의 색상 조합을 1만여 가지 가운데 직접 선택할 수 있으며 기타 부품을 추가해 각자 마음에 드는 디자인을 완성할 수 있다.

캔디 크랭크스

2009년에 오픈한 캔디크랭크스닷컴(candycranks.com)은 자전거 문화를 철저히 여성의 관점에서 바라보는 웹사이트로, "지구를 일주하는 여자들"을 위한 교류의 장이 되어 왔다. 설립자이자 열정적인 라이더 멕 로프츠(Meg Lofts)는 또한 캔디 크랭크스의 이름 아래 티셔츠와 장신구부터 체인링과 프레임 세트까지 자전거와 관련한 다양한 제품을 디자인하고 판매한다. 맞춤 제작이 가능한 캔디 크랭크스 시그너처 프레임 세트를 비롯한 프레임들은 프라이메이트 프레임스(Primate Frames)의 탄 모트(Tarn Mott)가 만든다. 로프츠의 언급에 따르면 억설적이게도 "처음엔 여성을 염두에 두고 디자인을 했는데 결과적으로는 남성 고객이 더 많다"고 한다.

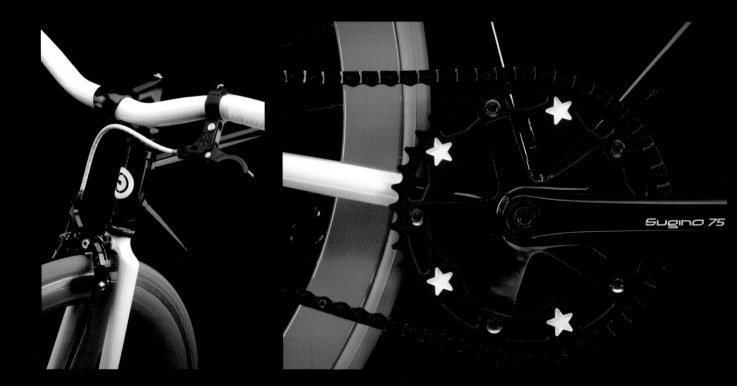

스티븐 네레오 **로스앤젤레스의 라이더**
종합 자전거 브랜드 라파(Rapha)는 '길에서 만
난 멋쟁이 라이더'를 찾는 프로젝트를 진행했다.
이를 위해 오랜 자전거 애호가이자 사진가 스티
븐 네레오(Steven Nereo)는 자동차가 단연 우
세한 도시로 유명한 로스앤젤레스에서 차량 사이
를 누비는 여러 다양한 라이더들의 모습을 카메
라에 담았다.

바이크 바이 미

스웨덴의 바이크 바이 미(Bike By Me)는 내가 원하는 자전거를 마
우스 클릭만으로 간편하게 디자인할 수 있게 해준다. 온라인 가상
주문 시스템을 통해 2가지 크기의 싱글 기어 자전거 프레임 중 하나
를 고른 뒤 9가지 부품의 색깔을 취향에 맞게 설정하면 된다. 선택
과 주문이 완료되면 보통 2~4일 사이에 자전거가 완성되고 일주일
안에 전 세계로 배송된다.

스퍼사이클 그립 링

미국 캘리포니아 주에 거주하는 닉과 클린트 슬론(Nick and Clint Slone) 형제는 그립 링(Grip Rings)을 출시하면서 자전거 액세서리 사업을 시작했다. 2012년 한 달 동안 진행한 킥스타터 프로젝트를 통해 탄생한 그립 링은 색상과 길이를 취향에 따라 선택할 수 있다. 하나에 17mm 폭의 실리콘 고무 링으로 한 쌍씩 판매하며, 맨 끝에 끼우는 고정 장치를 함께 제공한다. 스퍼사이클(Spurcycle) 웹사이트에서 마음에 드는 색상을 골라 원하는 수량만큼 주문하면 된다.

믹시 바이크 (오른쪽)

풀 사이즈 하이브리드 프레임에 20인치 소형 바퀴를 장착한 믹시(Mixie)는 고정 기어의 철학을 패션 및 도시의 라이프스타일과 혼합한 자전거다. 바퀴가 작아서 보관이 용이하고 출퇴근 시 지하철에 가지고 타기가 편리하며, 복잡한 도시의 거리에서 민첩하게 움직일 수 있을 뿐만 아니라 묘기를 부리는 것도 가능하다. 또한 경쾌한 느낌의 색상 조합이 폭넓게 마련돼 있어 남들과 다른 자전거를 갖고 싶어 하는 고객의 다양한 취향과 욕구를 충족시킨다.

모토 바이시클스 모토 어번 페달

페달은 신체의 힘을 자전거로 옮겨주는 부품이다. 도로 경주용 자전거는 최적의 효율을 위해 진보한 결과 클립리스 페달(끈 없이 전용 신발을 끼워서 고정하는 페달—옮긴이)을 사용하게 됐지만, 도시에서 일상적으로 타는 자전거의 페달은 지금까지 별다른 발전이 없었다. 베를린의 BMX 챔피언이자 모토 바이시클스(MOTO Bicycles) 창립자 알리레자 바르제스테(Alireza Barjesteh)는 4년간의 개발 끝에 모토 어번 페달(MOTO Urban Pedal)을 선보였다. 비바람에 견딜 수 있는 적층 합판 테두리에 다양한 디자인의 (교체 가능한) 미끄럼 방지 테이프를 부착한 이 스타일리시한 페달은 모든 종류의 신발에 적합할 뿐 아니라 맨발로 밟아도 무방하다. 가로 92mm, 세로 77mm, 두께 15mm이고 한 쌍에 320g으로 시중에 나와 있는 플랫폼 페달 가운데 가장 가볍고 가장 납작한 형태일 것이다. 중앙의 축을 틀 사이에 끼워서 만드는 공법은 특히 출원 중이며, 돌아가는 페달에 정강이를 부딪힐 위험을 줄이도록 설계되었다.

북먼

손쉽게 탈착 가능한 북먼 라이트(Bookman Light)는 스타일에 민감한 도시 라이더를 위한 자전거 라이트 세트다. 발랄한 느낌의 다양한 색상이 나와 있고, 미니멀한 디자인에 꼭 필요한 기능만을 갖추고 있다. 고무로 된 큼직한 버튼은 장갑을 끼고도 조작이 가능하다. 옆에 달린 끈을 잡아당겨 시트포스트와 핸들바에 간단히 설치할 수 있으며, 내후성이 우수하다.

동력은 배터리다. 흰색 전조등과 빨간색 후미등이 한 세트로 구성돼 있고 느린 깜빡임, 빠른 깜빡임, 연속 등 3가지 모드를 제공한다. 마티스 베른스토네(Mattis Bernstone)와 로빈 다프네스(Robin Dafnäs)가 디자인한 이 라이트 세트는 도시 라이더를 위한 자전거 액세서리를 만드는 스톡홀름의 북먼에서 맨 처음 출시한 제품 라인이다.

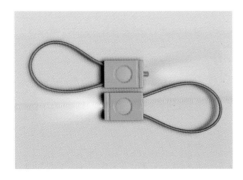

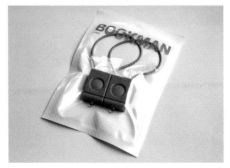

티노 폴만 벨로치타

베를린의 사진가 티노 폴만(Tino Pohlmann)이 잡지 ‹아인타우젠트› 의 기획 기사 '벨로치타'(Velocità)를 위해 촬영한 사진들. 스포츠의 세계 를 주요 테마로 다루는 폴만은 캐니언 자전거, 에르곤 바이크 에르고노믹 스, 치클리 베를리네타 등의 광고 사진을 담당했으며 2005년에는 감성적 흑백 사진들을 모은 투르 드 프랑스 화보집 『회전, 수축, 영감』을 펴냈다.

최근에 나온 『캡처드』는 2013년 100회를 맞은 투르 드 프랑스의 경기 장면 을 담은 사진집으로 스포츠를 넘어 하나의 신화가 된 이 대회의 면면을 엿 볼 수 있으며, 투르 드 프랑스에 대해 그가 10년 넘게 품어온 애정이 가득 묻어 나온다.

Brooks England Bicycle Saddles & Accessories

브룩스 잉글랜드
자전거 안장과 액세서리

브룩스 잉글랜드(Brooks England)의 역사는 19세기 중반으로 거슬러 올라간다. 존 볼트비 브룩스(John Boultbee Brooks)는 1866년 버밍엄에서 말안장 제조업을 시작했고, 1882년 자전거 안장으로 최초의 특허를 받았다. 오늘날 브룩스의 안장은 클래식 디자인의 아이콘으로 꼽힌다. 가죽 안장은 탄소섬유나 플라스틱으로 만든 현대의 안장보다 최대 세 배 정도 무거울 수 있지만, 천연 소재의 고급스러운 외관과 느낌 그리고 뛰어난 내구성과 오래 달려도 편안하다는 장점이 있다. 그런 부분에 더 큰 가치를 두는 라이더들은 브룩스 안장을 최고로 여긴다.

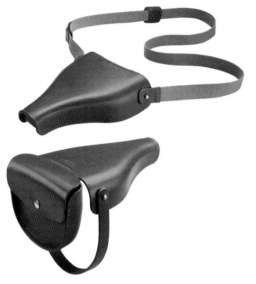

이언 마하퓌 빅토리아 새들 백

코펜하겐 디자이너 이안 마하퓌(Ian Maha-ffy)가 자전거 안장 제조사의 대명사 브룩스 잉글랜드를 위해 만든 빅토리아 새들 백(Victoria Saddle Bag). 안장 덮개와 안장 가방을 하나로 합친 제품이다. "여성들이 자전거를 탈 때 가방을 어떻게 하는지, 그리고 시내에서 자전거를 탈 때 기존의 안장 가방들이 어떤 문제가 있는지 관찰하면서 디자인을 구상했습니다. 자전거와 좀 더 밀착되는 가방, 그래서 좀 더 편하게 달릴 수 있는 동시에 떼고 붙이기도 쉬운 가방을 만들고자 했어요." 마하퓌의 설명이다. 최근 브룩스는 어깨끈이 달린 버전을 출시했는데, 다양한 색상으로 나온 이 신제품은 안장에 끼우는 형태는 아니지만 브룩스의 상징과도 같은 안장 모양을 그대로 살린 독특한 핸드백이다.

브룩스 안장은 안장 머리와 꼬리를 받치는 금속 틀에 가죽을 씌우고 쇠나 구리로 된 징을 박아서 만든다. 머리 부분에는 레일과 별도로 가죽의 당김을 미세하게 조정할 수 있는 나사가 들어 있다. 가죽은 고풍스러운 멋도 있지만 라이더의 몸에 맞게 길들여지는 이점도 있다. 즉, 타면 탈수록 안장이 자연스럽게 모양을 잡아간다. 체중에 눌리고 시간이 흐르면서 가죽의 섬유가 끊어져 좌골이 닿는 부분이 오목하게 들어가기 때문이다. 바로 그런 까닭에 브룩스 안장은 1000마일(약 1600km) 쯤 달려야 진가를 발휘한다. 그렇게 해서 내 몸에 꼭 맞는 안장이 되고 나면 다른 안장을 쓸 수가 없게 되는데, 다행히 브룩스 가죽은 방수가 되면서도 땀 배출이 잘되므로 오래 사용 가능하다. 목매달아 죽은 사람의 지방으로 만든다는 소문이 돌기도 했던 전용 왁스 프루파이드(Proofide)를 발라 문지르면 방수 기능을 더욱 향상시킬 수 있다.

브룩스는 늘 시대의 유행에 민감하게 반응해왔다. 1890년 무렵에는 클라이맥스(Climax) 안장과 자전거 벨트 및 소형 트렁크 라인을 출시했고, 1896년엔 경륜용 안장과 자전거 거치용 가방 및 모터사이클용 대형 가방을 선보였다. 그리고 이 모든 제품을 손으로 그린 멋진 그림과 함께 카탈로그에 소개했다. 또 1910년경에는 바지를 감싸는 스프링 온(Spring On) 부츠와 소풍 바구니 세트를 내놓는가 하면 미술공예운동에 발맞춰 총천연색 홍보 포스터를 제작했고, 이후에는 여행용 가방도 생산했다. 컷아웃(cut-out) 안장, 즉 구멍이 뚫린 현대식 안장은 시판된 지 이제 10년 정도 됐지만 브룩스는 100년 전에 이미 최초의 컷아웃 안장을 만들었다. 알파벳 옆에 숫자를 써서 마치 제트전투기 같은 이름을 붙인 모델 B9, B10, B11은 초창기 경륜용 안장 가운데 가장 인기가 많았으며, 아직도 많은 이들이 찾는 B17은 100년 넘게 생산되고 있다.

브룩스는 언제나 앞서 나가는 브랜드였다. 요즘은 의류도 만드는데, 방수 처리가 된 트위드 소재의 엘더 스트리트(Elder Street) 재킷은 고기능성 로드웨어이면서도 더없이 멋스러운 외출복처럼 보인다. 소매는 자전거를 타기 편하게 디자인되었고, 뒤에 달린 웰트 포켓은 밑에서 손을 집어넣기 좋은 각도로 배치되어 있으며, 팔꿈치에는 벤틸 소재의 패치를 덧대어 멋과 튼튼함을 더했고, 곳곳에 빛을 반사하는 일명 '볼트비' 띠까지 둘렀다. 요컨대 라이딩에 적합한 특징을 두루 갖추고 있지만 패션 아이템으로도 손색이 없다.

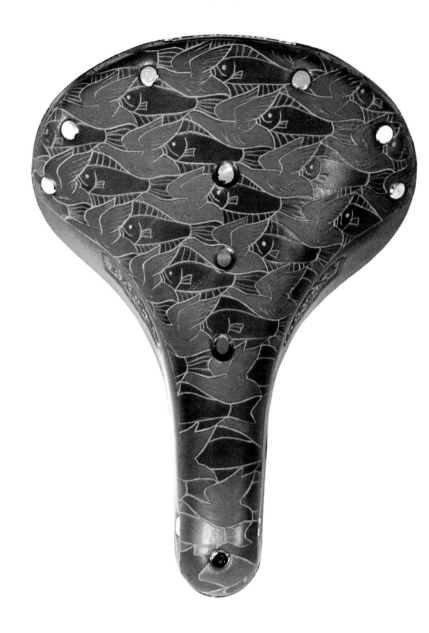

43~44쪽
카라 긴더 커스텀 브룩스 안장

브룩스는 세계 각지의 장인들을 찾아내 단 하나 또는 한정 수량만 판매하는 안장을 제작하기도 한다. 그중 미국 위스콘신 주의 가죽 장인 카라 긴더(Kara Ginther)가 손으로 세공한 브룩스 안장 시리즈는 큰 인기를 끌었다. 긴더는 다마스크, 일본 에로티카, 비잔틴 코끼리, 그리핀, 페어 아일 스웨터 패턴, 줄무늬 트뷔느 틍에시부디 에서에 대한 오마주에 이르기까지 다양한 무늬를 안장에 새겨 넣었다. 최근 브룩스는 도시 라이더를 위한 튼튼한 레저용 이중 코일 스프링 안장 B190을 출시했고 다른 유사 모델들도 개발 중이다.

신트 크리스토포뤼스

네 바퀴도 좋지만 두 바퀴는 더 좋다? 미힐 판덴브링크(Michiel van den Brink)는 페라리 250 GTO에 바치는 '판덴브링크 GTO'로 시카고 애서니엄 건축 디자인 박물관이 주최하는 굿 디자인 어워드를 수상한 자동차 디자이너다. 그는 또한 열성적인 자전거 애호가이기도 해서, 베네룩스 자전거 여행에 관한 블로그 신트 크리스토포뤼스(Sint Christophorus)를 운영하고 있다. 여행자의 수호성인 이름을 딴 이 블로그는 여행기와 여행용 자전거 그리고 그가 직접 만든 자전거 용품들을 보여준다. 주문에 따라 손으로 그림을 새겨 넣은 그의 브룩스 안장은 실용품인 동시에 예술 작품이 되고, 시간이 흐름에 따라 라이더의 몸에 맞게 형태가 잡히는 동시에 가죽의 그윽한 멋이 살아나면서 고유의 생명을 얻는다. 최근 판덴브링크는 플랑드르 에서 개최되는 라이딩 행사 레트로론더(Retro Ronde)로부터 안장 디자인을 의뢰받았다.

1

도쿄바이크

목적지에 도달하는 것도 중요하지만 그보다 라이딩 자체를 즐기사는 '도쿄 슬로'의 개념을 표방하는 도쿄바이크(Tokyobike)는 세계의 주요 도시로 성공적으로 진출한 고정 기어 자전거 브랜드다. 간결한 스틸 프레임과 가는 타이어로 된 다양한 모델이 나와 있고 최근에는 20인치 타이어를 장착한 깜찍한 버전도 출시됐다. 도쿄에서 탄생한 자전거답게 날렵하고 스타일리시한 외관을 자랑하는 도쿄바이크는 2002년 가나이 이치로(Ichiro Kanai)가 설립한 이래 싱가포르, 멜버른, 런던, 베를린 등지에 플래그십 스토어를 열었다. 매장 역시 자전거처럼 깔끔하면서도 친근한 느낌을 주며, 여러 가지 색상의 자전거를 정갈하게 전시하는 데 초점을 둔다. 도쿄

바이크가 추구하는 미학은 북미나 유럽의 픽시 문화와는 사뭇 다르다. 런던 지점장 후지와라 유(Yu Fujiwara)의 말에 따르면 도쿄의 픽시 문화는 DIY와 빈티지보다는 청년 및 대중 문화에 뿌리를 두고 있다고 한다. 그런 간극을 메우기 위해 도쿄바이크는 런던 매장 오픈 기념으로 런던에서 활동하는 여섯 팀의 아티스트―에이.포/루커스 프라이스(A.Four/Lucas Price), 마이크 거피(Mike Guppy), 앨릭스 도(Alex Daw), 다나카 소주(Soju Tanaka), 사이먼 메멀(Simon Memel), 톰 피어슨(Tom Pearson) 에게 각 한 대의 자전거를 꾸며 달라고 의뢰했다.

도쿄바이크

1. 도쿄 플래그십 스토어
2. 런던 플래그십 스토어
3. 다나카 소주가 꾸민 자선거
4. 런던 팝업 스토어
5. 베를린 플래그십 스토어

3

4

도쿄바이크
1. 에이.포/루커스 프라이스가 꾸민 자전거
2. 마이크 거피가 꾸민 자전거
3. 톰 피어슨이 꾸민 자전거
4. 앨릭스 도가 꾸민 자전거

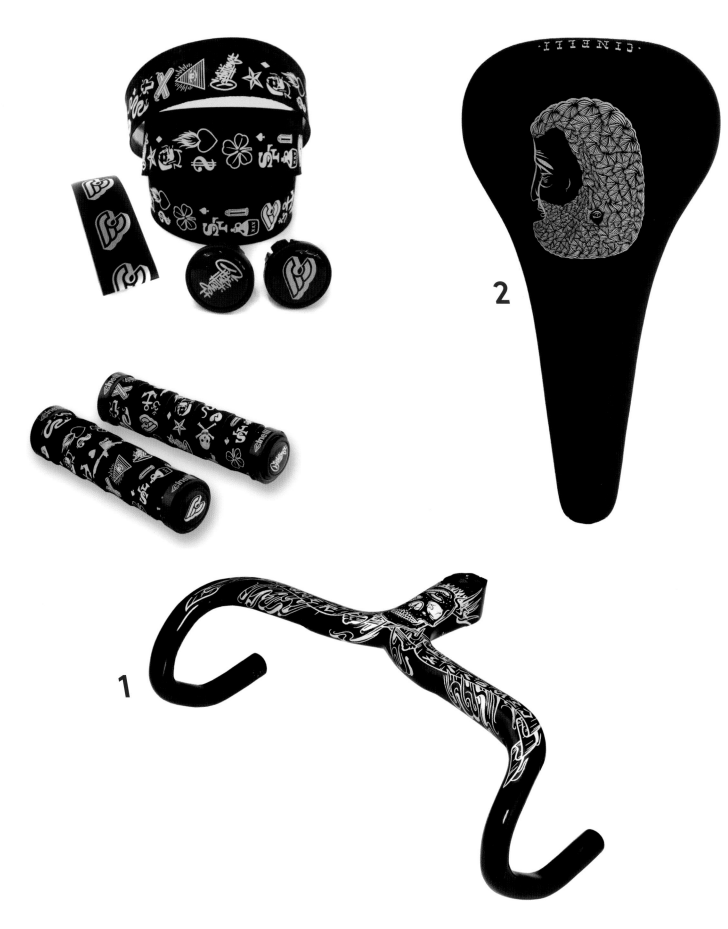

1. 치넬리/마이크 자이언트

1948년 프로 로드레이서 출신의 치노 치넬리 (Cino Cinelli)가 설립하고 1987년부터 안토니오 콜롬보(Antonio Colombo)가 운영해온 밀라노의 자전거 제조사 치넬리(Cinelli)는 자전거 부품 및 프레임 디자인과 제작 분야의 선두 주자로 자리매김하게 되었다. 1980년 이래 치넬리는 키스 해링, 폴 스미스, 배리 맥기, 베니 골드를 비롯한 유수의 디자이너 및 아티스트와 협업해왔고, 근래에는 그래피티 아티스트이자 일러스트레이터 겸 타투이스트이며 1990년대 샌프란시스코 언더그라운드 아트 신의 중요한 인물인 마이크 자이언트(Mike Giant)와 손을 잡았다. 자이언트는 특유의 흑백 그래픽으로 치넬리의 카탈로그 표지와 포스터, 핸들바 테이프, 그리고 세계 최초로 탄소섬유 소재의 스템과 핸들바를 결합한 제품인 한정판 '치넬리 RAM 마이크 자이언트 에디션'을 우아하게 장식했다.

2. 치넬리/배리 맥기
우니카니토르 안장(Unicanitor Saddle)

3. 기크하우스 CX 키트

울트라치클리 울트라박스

'손으로 디자인한 모던바이시클'이라는 슬로건을 내건 밀라노 자전거 제조사 울트라치클리(Ultracicli)의 팝업 스토어 울트라박스(Utrabox). 이탈리아 디자인 집단 리세션(Recession)이 2011년 가구 박람회 때 선보인 프로젝트 '마이 플레이스'에서 힌트를 얻었다. 손으로 지은 그 컨테이너는 백 퍼센트 DIY로 만든 가구들을 전시하는 데 사용됐지만, 울트라박스는 용도가 다르다. 울트라치클리 대표 마르코 마르텔리(Marco Martelli)와 마르코 도나티(Marco Donati)는 패션 부티크 초에(Zoe)를 설득해 부티크 마당에 합판 컨테이너를 짓고 그 안에 울트라치클리의 자전거와, 모던하면서도 클래식한 브랜드 분위기에 어울리는 액세서리 및 의류를 들여놓았다. 그렇게 해서 울트라박스에는 디자이너 폴 스미스와의 컬래버레이션 제품인 울트라치클리 U 핸들바와 함께 영국 브룩스의 안장과 ‹모노클› 잡지 등이 전시되었다.

쿼테르 후드

쿼테르(Quarterre)는 감각이 뛰어난 라이더들이 탐낼 만한 스타일리시한 영국제 실내 자전거 거치대를 만든다. 2010년 자전거를 사랑하는 네 명의 친구 다니엘레 체코모리(Daniele Ceccomori), 클라이브 하틀리(Clive Hartley), 닉 매니언(Nick Mannion), 제이슨 포블로츠키(Jason Povlotsky)가 모여서 설립한 런던의 이 디자인 스튜디오는 '이동과 생활을 위한 도구'를 창작한다. 멋지게 접은 철판에 가죽을 붙이고 손으로 마감한 후드(Hood)는 싱글 기어 자전거의 톱튜브를 안전하게 잡아주는 벽걸이형 거치대다.

미킬리 카포 (오른쪽)

레오폴트 브뢰츠만(Leopold Brötzmann)과 제바스티안 바카우스(Sebastian Backhaus)가 생각하는 자전거는 더 이상 단순한 교통수단이 아니라 하나의 라이프스타일이며 패션 액세서리다. 그래서 그들은 미킬리(Mikili)를 설립했고, 도시 라이더를 위한 사선서 '가구'를 제작한다. 월넛과 오크 또는 멜라민 코팅 자작나무 합판으로 만드는 카포(KAPPÔ)는 스타일리시하면서도 실용적인 자전거 거치대 겸 선반으로 헬멧, 자물쇠, 카메라, 잡지 등을 함께 보관하기에 안성맞춤이다.

무아나 라 말 비시클레트 (왼쪽)

1849년에 설립된 프랑스의 명품 트렁크 및 가죽 제품 회사 무아나(Moynat)는 수년간의 공백을 깨고 2011년 재출범했다. 이후 새로이 개발된 제품인 라 말 비시클레트(La Malle Bicyclette)는 무아나의 여행용 트렁크를 계승한 디자인으로 된 자전거용 가죽 트렁크다. 다양한 수납 기능을 갖추고 있으며, 이탈리아 자전거 회사 아비치의 수제 스텝스루 프레임 자전거 앞바퀴 위에 꼭 맞게 걸쳐진다. 자전거와 함께 파리의 무아나 부티크에서 판매하고 추가 변경 요청이 없는 경우 총 24800유로이며 색상은 선택 가능하다.

프라이탁 F60 조앤

트럭 방수포를 재활용해 만든 메신저백이 컬트적 인기를 누리면서 널리 알려진 스위스 회사 프라이탁(Freitag)은 언제나 패션과 실용성을 겸비한 제품을 선보여왔다. F60 조앤(F60 Joan)은 여성 라이더를 특별히 겨냥해서 나온 '재활용 가방'이다. 이 패셔너블한 백은 핸들바에 고정할 수 있어서, 자전거를 탈 때 어울리지 않는 핸드백을 어깨에 메거나 촌스러운 바구니를 달고 다니지 않아도 된다. 인기 있는 복고풍 TV 드라마 ‹매드맨›에 나오는 당당한 여성 캐릭터들의 이름을 따서 붙인 멋진 여성용 가방 시리즈에 속하는 모델.

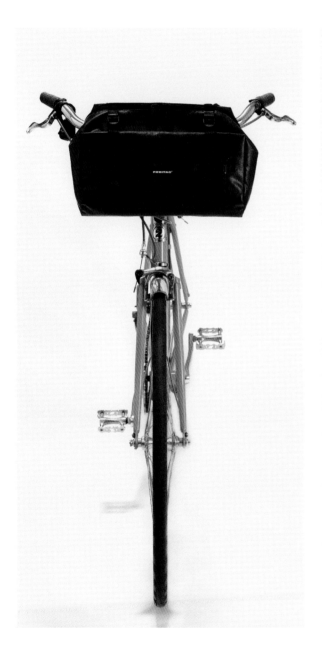

Walnut Studiolo

월넛 스튜디올로

건축가와 그의 아내가 운영하는 월넛 스튜디올로(Walnut Studiolo)의 한정판 가죽 가방과
액세서리는 패션과 기능성 두 마리 토끼를 모두 잡는다. 되살아나고 있는 미국 수제 자전거 문화의 중심지인
오리건 주에서 태어나 오리건대학교 건축대학을 졸업하고 오리건 주에 8대째 거주하고 있는
제프리 프랭클린(Geoffrey Franklin)은, 2009년 10월 오리건 주 포틀랜드에 월넛 스튜디올로를 설립했다.

그의 커스텀 자전거 레노보(Renovo)와 아버지
가 타던 비안키(Bianchi) 자전거에 어울릴 만
한 가죽 액세서리를 찾던 것이 발단이었다. 나
무 프레임으로 된 레노보는 더 이상 이런 자전
거는 나올 수 없다고 해도 과언이 아닐 만큼 독
특했고, 아버지의 비안키는 시애틀에서 포틀랜
드까지 달리는 라이딩 행사 STP에 참가하기 전
클래식한 크림색과 갈색으로 분체도장을 한 상
태였다. 마음에 차는 제품을 끝내 구하지 못한
프랭클린은 가죽 공예를 배워서 필요한 것을 직
접 만들기로 했다. 그리고 이제는 건축이 아닌
자전거 액세서리 공예가 주업이 됐다. 그가 만
드는 제품 하나하나에는 천연 소재의 자연스러
운 아름다움이 묻어날 뿐 아니라 사려 깊은 디
자인과 건축적 정확성에 대한 고집이 엿보인다.
본인이 흡족하게 사용할 수 있는 제품만을 만드
니 당연한 일이다.

브룩스 안장에서 영감을 받은 가죽 U록 케이스(U-Lock Holster, 왼쪽)는 자전거에 자물쇠를 달그락거리지 않게 달고 다닐 방법을 고민하다가 나왔다. 기존 제품 가운데 플라스틱을 사용하지 않으면서 스타일리시한 케이스를 찾아 헤맸지만 헛수고였기 때문이다. 프랭클린은 각 제품마다 프로토타입을 제작해 자전거에 장착하고 출퇴근을 하면서 테스트를 했다. 두꺼운 가죽을 손으로 바느질하고 손으로 마감한 박스형 안장 가방(Boxy Saddle Bag, 58쪽 큰 사진)은 위에 달린 버클식 띠를 레일에 끼우고 옆에 달린 가죽 끈을 시트포스트에 둘러 묶어서 안장 밑에 고정할 수 있다. 덮개 부분은 깔끔하게 접히는 봉투 모양으로 처리되었고 간편하게 여닫을 수 있는 금속 소재의 잠금 장치가 달려 있어 내용물이 떨어질 염려가 없다. 역시 안장에 매달 수 있는 원통형 가방(Berrel Bag)은 편리하면서도 고급스럽다. 앤티크 스티머 트렁크(폭이 넓고 납작한 선박 여행용 트렁크—옮긴이)와 구조견 세인트버나드의 목에 거는 조그만 술통을 생각하면서 만들었다고 하니, 그 우아함에 고개가 끄덕여진다. 자전거 프레임 손잡이 리틀 리프터(Little Lifter, 왼쪽 아래)는 킥스타터를 통해 첫선을 보였다. 이 제품을 사용하면 자전거를 들 때 프레임의 아래쪽을 잡을 수 있어서 힘이 덜 든다.

가죽 캔 홀더(Can Cage, 58쪽 작은 사진)와 프레임용 식스팩 걸이(6-Pack Frame Cinch, 위 사진)엔 미국 북서부의 자전거 문화에 대한 유머와 통찰이 스며 있다. 탄산음료, 주스, 맥주 캔을 꽉 잡아주는 캔 홀더는 가벼우면서도 튼튼하다. "김빠진 콜라는 대회에 참가할 때 꼭 필요한 '비장의 무기'입니다." 프랭클린이 말한다. "결승선을 앞에 두고 언덕을 오를 때 들이켜는 한 모금의 설탕과 카페인은 더없이 좋은 활력소가 되죠." 아키타이저(Architizer)가 선정한 '2011년 자전거 관련 최고의 디자인 혁신 10'에 든 식스팩 걸이는 6개들이 음료 박스처럼 폭이 좁은 물건을 자전거의 톱튜브에 단단히 잡아맬 수 있는 가죽 띠다. 대회에 침가하는 미국 라이너는 흔히 에너지 음료나 마셔대는 약골에다 군용 물통 따위를 차고 다니는 촌뜨기들로 비춰지곤 하지만, 프랭클린의 제품은 그런 이미지를 바꾸어줄 만큼 품격 있고 패셔너블하다.

1. 이명수 자일 백

한국 디자이너 이명수(Lee Myung Su)의 자일 백(SEIL Bag)은 뒤따라오는 라이더에게 내 상태를 알려주는 기능을 갖춘 가방이다. 탈착 가능한 무선 컨트롤러를 핸들에 붙이고 조작하면 백팩 안에 든 LED 판에 방향 전환 신호가 표시된다. 컨트롤러를 '운전 모드'에 두면 좌회전, 우회전뿐만 아니라 멈춤, 주행, 위급 상황 등을 알릴 수 있고 '이모션 모드'로 전환하면 이모티콘도 보낼 수 있다. 속도 감지기가 내장돼 있어 정지 신호는 자전거가 멈추면 자동으로 표시된다.

2. 베타브랜드 바이크 투 워크

라이딩 복장은 왜 기능성을 위해 패션을 포기해야 하는가? 샌프란시스코에 기반을 둔 온라인 의류 쇼핑몰 베타브랜드(Betabrand)의 바이크 투 워크(Bike to Work) 컬렉션은 그러한 의문을 던지며 자전거 통근자를 위해 특별히 디자인된 진과 바지를 선보인다. 베타브랜드 설립자 크리스 린들랜드(Chris Lindland)가 구상한 콘셉트를 바탕으로 한 이 바지들은 밑단을 접어 올리면 빛을 반사하는 소재인 일루미나이트(Illuminite®) 또는 스카치라이트(Scotchlite™)를 덧댄 안감이 드러나고, 뒷주머니 안에도 그와 같은 재귀 반사 소재가 V 자형으로 대어진 천 조각이 들어 있어서 이를 밖으로 빼내면 야간에 안전한 주행이 가능하다. 안장과 닿는 사타구니 쪽에는 질긴 천을 덧대어 매일 입고 타도 쉽게 닳거나 해지지 않는다. 뒤쪽 윗단은 허리를 숙여도 속살이 보이지 않도록 앞쪽보다 높이 올라오며, 신축성이 우수해서 편안한 라이딩을 즐길 수 있다. 남성용의 경우 휴대폰을 넣고 꺼내기 편리한 주머니가 있다.

보이지 않는 자전거 헬멧

스웨덴 디자이너이자 회브딩(Hövding)의 공동 설립자 안나 하웁트 (Anna Haupt)와 테레스 알스틴(Terese Alstin)은 패션과 첨단 기술을 접목한 안전모를 개발했다. '보이지 않는' 자전거 헬멧(Invisible Bicycle Helmet)이라 불리는 이 헬멧은 겉감을 갈아 끼울 수 있는 스타일리시한 스카프 안에 찢어지지 않는 아주 질긴 나일론으로 만들어진 에어백이 숨겨져 있고, 유사시 순식간에 부풀어 나와 목과 머리를 감싸준다. 특허 받은 알고리즘에 따라 프로그래밍된 배터리식 센서가 착용자의 움직임을 감시하다가 사고의 발생으로 '비정상적 움직임'이 감지되면 뒤쪽에 내장된 조그만 헬륨 가스 발생기에 신호를 보낸다. 단, 이 헬멧은 도로가 아닌 곳에서 자전거를 타거나 다인승 및 외바퀴 자전거를 타는 경우, 그리고 지나치게 독특한 헤어스타일을 한 라이더와 15세 이하에게는 착용을 권하지 않는다.

호세 카스트레욘 프리티 바익스

파나마의 고유어 'priti'는 표면적 아름다움을 넘어 독창적이고 인상적인 우아함을 지닌 어떤 것을 가리킨다. 파나마 사진가 호세 카스트레욘(José Castrellón)의 인물 사진 연작 '프리티 바익스'(Priti Baiks)는 파나마의 젊은 남성들이 자전거를 통해 개성을 표현하는 다양한 방식을 포착한다. 그들의 자전거에선 프레임보다 다른 부품들이 훨씬 더 부각되며, 그중에

서도 경적은 대단히 중요한 위치를 차지하는 것처럼 보인다. 대개의 경우 각자의 유일한 자가용인 이 자전거들은 다른 누구의 것과도 닮지 않은 모습으로 개조되었다. 이 연작은 자전거 전용 부품과 재료의 부족이 얼마나 놀라운 창의성을 이끌어낼 수 있는지, 일상 용품으로 직접 만든 장식이 얼마나 호화로울 수 있는지를 잘 보여준다.

레트로로몬더

RETRO RACES
FRAMEBUILDERS
VINTAGE
PENNY FARTHING
RANDONNEURS

ON-
NOIS-
SEURS

클래식과 명인
레트로 레이스, 프레임 빌더,
빈티지, 페니파딩, 랜도너

레트로론더

1913년에 탄생한 전설적인 도로 경기 대회 플랑드르 투어(Tour of Flanders)—네덜란드어로 론더 판 플란데런(Ronde van Vlaanderen)—를 시작으로 벨기에 북부 플랑드르 지방에는 클래식 자전거 경기의 전통이 이어져 오고 있다. 2007년에 출범한 레트로론더(RetroRonde)는 그러한 전통을 기리는 행사로서, 이름이 시사하듯 1987년 이전에 만들어진 빈티지 자전거를 타고 그에 어울리는 복장을 착용한 라이더들이 참가한다. 트리코 직물로 된 빈티지 자전거 의류와 챙 달린 모자의 행렬이 물결을 이루는 가운데 험난한 '북부 클래식'의 맥을 잇는 라이딩이 펼쳐지지만, 다른 대회들과 달리 레트로론더는 순위를 매기지 않는다. 총 40 내지 70km를 달리는 동안 참가자들은 북부의 아르덴이라 불리는 플랑드르 구릉지대의 유명한 돌길을 따라가며 굴곡진 풍경을 한껏 즐기고, 멈춰 서서 한숨 돌리며 지역 특산품으로 기력을 보충하기도 한다. 2013년에는 플랑드르 투어의 100주년을 기념해 더욱 성대한 행사를 치렀다.

69

1

2

1. 다리오 페고레티

다리오 페고레티(Dario Pegoretti)는 이탈리아의 유서 깊은 경기용 자전거 프레임을 대표하는 얼굴이다. 1956년생인 그는 장인(丈人)이자 전설의 프레임 빌더인 루이지노 밀라니(Luigino Milani) 밑에서 처음 일을 배웠다. 1975년부터 1983년까지 베로나에 위치한 공방에서 기술을 익힌 후 1999년까지 계속해시 밀라니와 함께 작업을 했고, 그 과정에서 다른 제조사와 계약을 하고 프레임을 제작해 납품하기도 했다. 그러다 미국 자전거 회사 지타(Gita)의 제안으로 페고레티는 자신의 이름을 내건 프레임을 만들게 된다. 1999년에 돌로미티 산지의 작은 마을 칼도나초로 옮겨간 이후로는 그곳에서 조수들과 함께 연간 약 600대의 스틸 프레임을 제작하고 있다. 러그(프레임 튜브를 서로 잇기 위해 끼우는 부품—옮긴이)를 사용하지 않는 TIG 용접 프레임의 선구자인 페고레티는 독특한 핸드 페인팅으로 마감을 함으로써 손으로 만든 프레임을 한층 더 개성 있게 만드는 것으로도 명성이 높다.

2. 푸조 사이클스 레전드 LR01(Legend LR01)

테리 리카도 무지개를 좇아서

멜버른의 디자이너 겸 일러스트레이터 테리 리카도(Terry Ricardo)는 빈티지 자전거 포스터를 재해석해, 연례행사인 멜버른 자전거 축제의 포스터 공모에 출품했다. 1960년대와 1970년대의 대담한 모더니즘풍 포스터를 연상시키는 그 포스터는 비록 최종 우승작으로 선정되진 못했지만, 리카도는 포스터 속의 이미지를 잘라내 '무지개를 좇아서'(Chasing Rainbows)라는 멋진 일러스트레이션 작품으로 새롭게 탄생시켰다.

리처드 루이손 **파이어플라이스**

"고통받는 이들을 위해 우리는 달린다."
자선단체 루카(Leuka)의 기금 마련을 위해 달리는
아마추어 라이더 모임 파이어플라이스(Fireflies)
의 모토다. 루카는 혈액암 치료 분야에서 세계적 권
위를 가진 런던 해머스미스 병원의 백혈병 환자 연
구 및 치료를 지원하기 위해 조직되었다. 2001년 이
래 해마다 영화계와 광고계 인물 약 50명으로 구성
된 '파이어플라이스'가 자전거로 알프스 산맥을 넘
는 강행군을 펼친다. 레만 초에서 칸까지 그들은
1000km에 이르는 거리를 달려 국제광고제 기간에
맞춰 칸에 도착하게 된다. 스튜디오에서 루카 모금
을 위한 홍보 영상을 촬영하는 동안 사진가 리처드
루이손(Richard Lewisohn)은 그들의 피땀 어린
노력을 500분의 1초 속도로 카메라에 담았다.

Cicli Berlinetta
Dustin Nordhus

치클리 베를리네타
더스틴 노더스

캐나다 출신의 더스틴 노더스(Dustin Nordhus)는 3년 동안 신문을 배달해서 모은 돈으로
13살 때 첫 번째 로드바이크를 샀다. 그런데 타지는 않고 분해해서 형광 노란색과
오렌지색으로 칠한 후 재조립하여 새 자전거로 만들어 놓았다. 그때부터 이미 싹수가 보였던 것이다.
후에 그는 클래식 자전거 전문점 치클리 베를리네타(Cicli Berlinetta)를 열게 된다.

노더스가 자랄 때, 북미의 아마추어 자전거 문화도 성장 중이었다. 그는 건축 제도를 전공했고 스키 활강과 산악자전거 타기를 즐겼다. 그리고 밴쿠버에서 자전거 배달원으로 일하다가 베를린으로 옮겨가, 베를린 매시브 (Berlin Massive)라는 자전거 메신저 모임에서 활발히 활동하면서 이탈리아제 경기용 자전거 프레임과 부품을 수집하기 시작했다. 하지만 신기술의 발달이 가져오는 변화는 걷잡을 수 없이 빠르게 진행되었다. "다운 튜브 변속기와 클래식 토클립 클리트는 한물간 것이 되었습니다. 충격 방지용 가죽 모자와 뜨개 장갑도 자취를 감추었고요." 노더스가 말한다. "그러나 무엇보다 중요한 건, 철제품이 역사 속으로 사라지고 있다는 사실이에요." 실제로 유럽 철강 산업의 규모는 20년 전에 비해 70%나 줄었다. 대량으로 생산되는 아시아제 알루미늄 프레임과 TIG 용접이 프레임 빌딩에서 압도적 우위를 점하기 시작했고, 곧이어 티타늄과 카본 프레임이 등장했다. 이제 스틸 프레임은 구닥다리의 상징처럼 여겨지기도 한다.

그러나 모두가 그렇게 생각하는 것은 아니다. 1990년대 중반 베를린의 자전거 배달원들은 품질이 우수하고 고장이 잘 나지 않으며 대범하게도 브레이크가 없는 스틸 프레임의 트랙용 자전거를 도로에서 타고 다녔고, 노더스가 치클리 베를리네타를 차린 2005년 무렵에도 수요가 꽤 있었다. 자전거 외에도 그는 스페인의 수제화 장인과 가죽공예 협동조합에 제작을 의뢰해 라이딩용 가죽 신발, 가방, 케이스, 안장 따위를 판매하고 스템, 체인링, 크랭크, 시트포스트에 원하는 글자나 문양을 새겨주는 서비스도 제공한다. 또한 최근에는 디자인 과정에 직접 참여하고자 하는 고객을 위해 소량 생산식 커스텀 프레임 라인을 마련했다.

스틸 프레임 및 부품을 손으로 제작하는 일은 이탈리아에서 시작됐고 지금까지도 이탈리아가 단연 최고로 여겨진다. 그렇기 때문에 노더스는 주로 이탈리아제를 취급한다. 스위스의 티그라(Tigra), 네덜란드의 하젤러(Gazelle), 프랑스의 메랄(Méral), 독일의 바우어(Bauer) 등에서 나온 자전거도 있기는 하지만 튜브, 러그와 바퀴 및 기타 부속품은 거의 다 이탈리아에서 만든 것이다. 치클리 베를리네타는 빈티지 경기용 자전거의 클래식한 외관과 라이딩의 즐거움에 무엇보다 큰 가치를 둔다. "자전거는 우리를 둘러싼 세상과 교감할 기회를 줘요." 노더스는 말한다. 그래서 일 년에 한 번씩 때가 되면 치클리 베를리네타의 직원들은 스트라데 비앙케(Strade Bianche)나 레로이카(L'Eroica) 같은 클래식 대회에 참가한다. 그리고 그 기간에는 운이 나쁜 한 명이 남아서 가게를 지키며 예약 손님만 받는다. 그런 대회의 매력이 뭔지 묻자 노더스는 "바퀴가 자갈길을 구르는 느낌, 횔석 향이 나는 흙민지, 와인, 빈티시 의류, 빈티지 자전거, 무엇보다 스틸 로드바이크를 사랑하는 사람들과 함께하는 그 기분"이라며 거침없이 대답을 늘어놓는다.

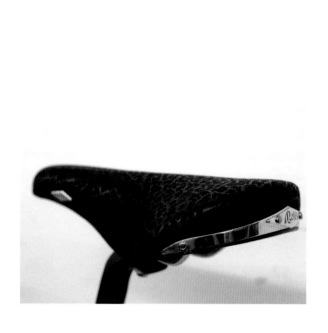

Erik Spiekermann

에리크 슈피커만

열정은 순식간에 불타오르기도 하지만 서서히 불이 붙기도 한다.
늘 너무 가까이 있어서 그 가치를 미처 깨닫지 못하는 대상의 경우가 그렇다.
독일의 타이포그래퍼 에리크 슈피커만(Erik Spiekermann)에게 자전거는 그런 대상에 가깝다.
그는 여러 도시에서 일하고 생활하며 일상적 교통수단으로 자전거를 이용한다.

슈피커만은 본에서 자라며 자전거로 통학했고 베를린에서 대학을 다닐 때도 자전거를 타고 다녔다. 그리고 팰로앨토에서 첫 번째 경기용 자전거를 만났고, 베를린으로 돌아와 다코르디(Daccordi)의 레저용 자전거를 구입한 데 이어 모토베칸(Motobécane), 롤리(Raleigh) 각 한 대와 독일 자전거 몇 대를 손에 넣었나. 하시반 노시에선 자선거가 도난을 당하거나 사고로 망가지는 일이 심심찮게 발생하는 탓에, 그 이후로는 네 대 이상을 가지고 있은 적이 별로 없다.

그러나 지금은 다양한 종류의 자전거를 보유하고 있다. 한 번도 타지 않은 전기 자전거부터 경량 싱글 기어, 짐받이와 흙받기가 있고 타이어가 굵어 악천후에도 끄떡없는 스위스제 트레킹용까지. 런던에선 1단, 베를린에선 7단, 샌프란시스코에선 11단 기어 자전거를 타고 약 20km 떨어진 곳으로 출퇴근을 하고, 주말에는 산책 겸 운동 삼아 레이싱바이크로 더 먼 거리를 달리곤 한다.

새로운 기술이 말끔히 지워버린 접합부의 아름다움을 아는 그의 자전거들은 전부 스틸이다. 카본은 한 대도 없다. 사실 그는 오래된 스틸 프레임을 직접 개조해 아내와 탈 심플한 싱글 기어 자전거 두 대를 만든 적도 있다. 또한 스틸 자전거를 전문적으로 취급하는 치클리 베를리네타(Cicli Berlinetta)의 더스틴 노더스(Dustin Nordhus)와, 샌프란시스코 아메리칸 사이클러리(American Cyclery)의 브래들리 월(Bradley Woehl)이 맞춤 제작한 수수한 자전거 각 한 대씩을 갖고 있다. 요즘 고급 자전거의 튜브엔 화려한 타이포그래피, 도상, 브랜딩, 세부 장식 따위가 빽빽이 들어차 있지만 슈피커만의 자전거는 그런 것들이 절제돼 있다. 이는 디자인의 관점에서 흥미로운 문제이기도 하다. 스틸 프레임은 그래픽을 넣을 공간이 부족하다는 제약이 있는데, 디자이너로서 그는 제약이 있는 작업을 즐기기 때문이다.

그렇다면 디자이너가 보기에 자전거가 아름다운 사물인 이유는 무엇일까? 슈피커만은 사람의 힘을 동력으로 하는 가장 효율적인 이동 수단이라는 점을 꼽는다. "보다시피 내 자전거들은 과잉이 없습니다. 단순한 기하학적 사물이죠. 제나가 사선거는 다리를 위아래로 움직이면 딱 그만큼 앞으로 나아가는 게 눈에 보여요."

타이포 런던(TYPO London) 콘퍼런스 기간 중에 슈피커만은 필 베인스(Phil Baines)의 '타이포그래피 산책' 경로를 따라 자전거로 런던 시내를 도는 투어를 이끌었다. 비가 쏟아지는 궂은 날씨에도 35명의 라이더가 대영도서관에서 출발해 램버스와 블랙프라이어스 다리를 지나 타이포그래피가 새겨진 수많은 건물들을 찾아다니며 페달을 밟았고, 마침내 스미스필드에서 뜨거운 음료를 마시며 몸을 녹였다.

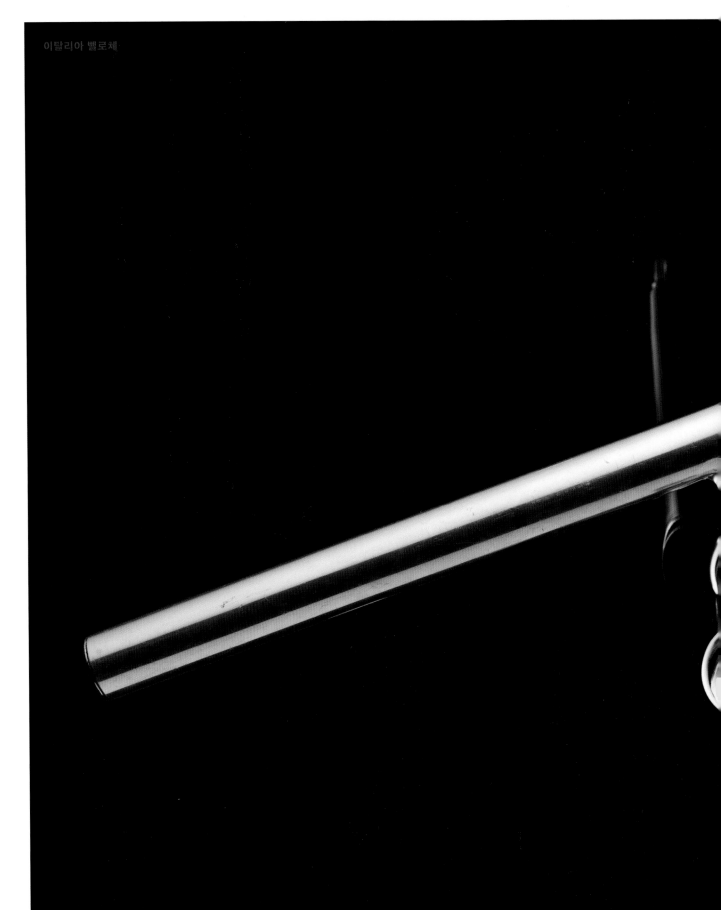

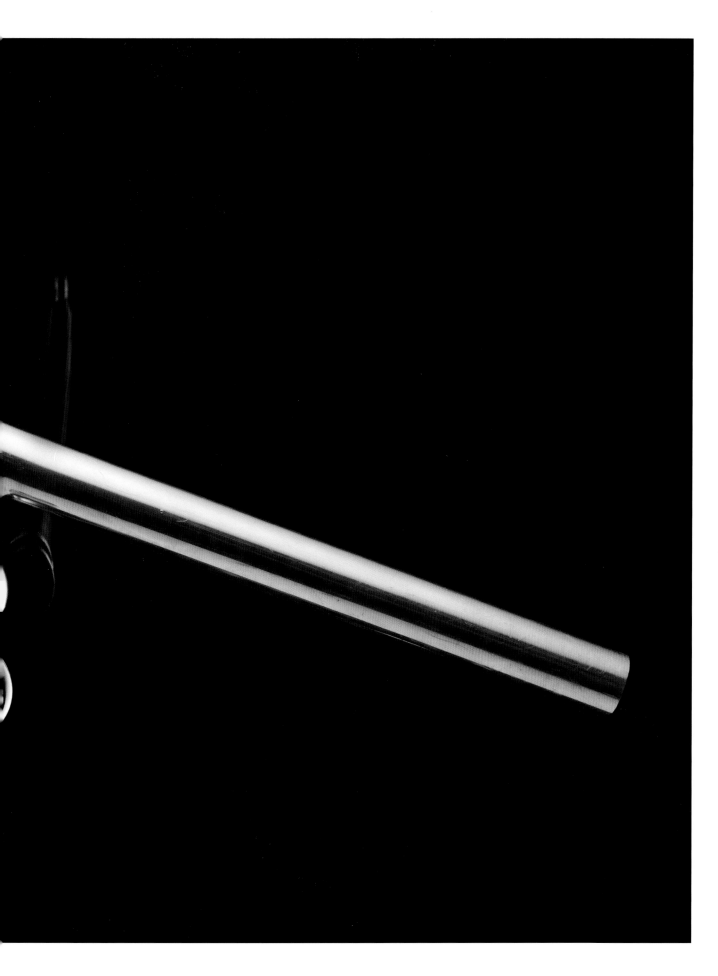

이탈리아 벨로체

이탈리아 파르마에 위치한 소규모 자전거 공방 이탈리아 벨로체(Italia Veloce)의 자전거 장인들은 멋스러운 빈티지 느낌이 나는 수공예 명품 자전거를 제작한다. 이탈리아 자전거의 유서 깊은 장인 정신과 미학을 이어받은 이곳의 수제 클래식 스틸 프레임은 빈티지와 최신 기술의 요소가 적절히 조화를 이룬다. 전통을 아끼고 사랑하면서도 새로운 것을 적극적으로 받아들이는 이탈리아 벨로체는 또한 온라인으로 색상과 옵션을 설정할 수 있는 가상 주문 시스템도 제공한다. 완성된 자전거는 손으로 일련번호를 새긴 쇠붙이가 부착되고, 각 부품에 대한 상세 설명이 적힌 소책자와 함께 배송된다. 소유주는 자신의 자전거를 웹사이트에 등록하고 정보를 기록할 수 있다.

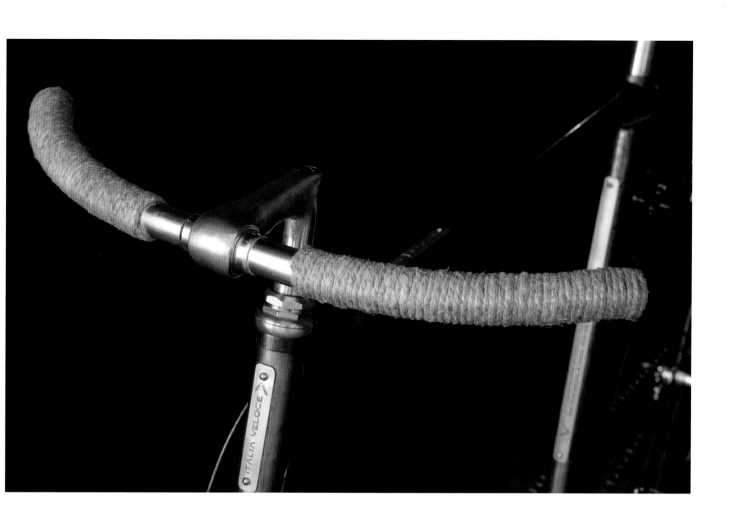

킨포크

킨포크(Kinfolk)는 다양한 분야의 디자이너 친구들이 모여 2008년 도쿄에 설립한 스튜디오다. 존 보일런스(John Beullens)는 시드니, 라이언 카니(Ryan Carney)는 로스앤젤레스, 마세오 이글 (Maceo Eagle)과 살라 메이슨(Salah Mason)은 뉴욕, 요시다 아키라(Akira Yoshida)는 도쿄로 출신지도 제각각이다. 도쿄의 아름다운 동네 나카메구로에 처음 오픈한 자전거 숍 겸 디자인 스튜 디오 킨포크는 앞서 가는 도시 라이더, 여행자와 디자이너들의 성지가 됐고, 이후 뉴욕에도 지점을 열어 그들의 재능 및 감각, 그리고 자전거를 빠르게 전파했다. 빈티지 경륜 자전거에서 영감을 얻은 프레임을 장착한 킨포크의 트랙 자전거는 주문을 받아 제작한다. 프레임은 70대의 자전거 명장 구 사카 슈이치(Shuichi Kusaka)가 일본에서 손으로 만들고, 나머지 작업은 브루클린에 위치한 다목 적 건물에서 이루어진다. 브루클린점은 스튜디오와 창고뿐 아니라 식당과 바도 겸하고 있다.

91

1. 그레모(Gremo)

2. 알레!(Allez!)

3. 포굿 2012 고정 기어(Fixed Gear
Forgood 2012) — 핸드 페인팅:
리카르도 구아스코(Riccardo Guasco)

비아스카녜 치클리

비아스카녜 치클리(Biascagne Cicli)는 "차고에서 자전거를 만드는 두 사람, 아니 더 정확하게는 한 명의 얼굴마담과 나무를 다루는 신의 손을 가진 다른 한 명"이라고 스스로를 소개한다. 이탈리아 트레비소에 위치한 이 커스텀 자전거 공방은 새로 입수한 중고 빈티지 부품으로 독특한 싱글 및 고정 기어 자전거를 제작하는 데 주력한다. 몇 년 전부터 비아스카녜 치클리는 일 년에 한 대씩 아주 특별한 자전거를 만드는데, '좋은 일을 위해'(포굿, Forgood)라는 이름을 붙인 그 자전거 시리즈는 판매 수익금을 모두 자선단체에 기부한다.

1. 비아스카녜 치클리
   라 보리오사(La Boriosa)
2. 비아스카녜 치클리 포굿 2011
   고정 기어(Fixed Gear Forgood 2012)
3. 기크하우스
   헤더의 록시티(Rockcity)

4. 마이온바이크 더 바이크

마이온바이크(myownbike)는 이름에서 짐작할 수 있듯 나만의 자전거를 디자인할 수 있게 해준다. 2011년 토마스 에스텐펠트(Thomas Estenfeld)가 뒤셀도르프에 오픈한 이 자전거 숍은 싱글 및 고정 기어 자전거를 주문에 따라 제작한다. 두 가지 크기의 스틸 프레임과 다양한 옵션이 준비돼 있고, 멋진 온라인 가상 주문 시스템을 통해 간편히 선택 가능하다. 네 단계의 과정을 통해 색상과 부품을 고르면 되며 각 단계마다 총 주문 금액을 확인할 수 있다.

Rapha Cycles

라파

라파(Rapha)는 고기능 로드웨어 전문점이자 패션 브랜드이며, 영리를 추구하는 기업인 동시에
동호회이고 스포츠 팀이다. 사이먼 모트람(Simon Mottram)과 루크 스카이벨러(Luke Scheybeler)가 2004년 봄
영국 런던에 첫 간판을 내건 이후 미국 포틀랜드에 제2의 본사를 설립한 라파는 양국 모두에서 좋은 평가를
받는 의류 브랜드로 빠르게 자리 잡았다. 그리고 도로 경기 및 주행을 한층 세련되게 끌어올리는 패션 아이템으로
부상하면서, 나날이 성숙해가는 전 세계 자전거 문화를 대표하는 이름이 되었다.

라파는 기능적이면서도 패셔너블하고 클래식하면서도 동시대적인 로드웨어와 더불어 특별한 제품들도 선보인다. 일류 자전거 부품 제조사 크리스 킹(Chris King)이 자사의 유명한 헤드세트를 본떠 만든 스페셜 에디션 에스프레소 템퍼라든가, 영국 디자이너이자 스트라이프의 귀재 폴 스미스가 디자인한 의류 및 액세서리 라인 등이 그러한 예다. 현재 이 브랜드는 런던의 자전거 숍 콘도르 사이클스(Condor Cycles)와 함께 흑백 유니폼의 사이클 팀 '라파 콘도르 샤프'를 운영하고 있고, 인기 자전거 잡지 ‹룰뢰르›(Rouleur)의 대주주이며, 2013년부터 영국 사이클 팀 '팀 스카이'의 유니폼을 디자인하기 시작했다. 또, 사이클로크로스 팀 '라파 포커스'를 후원하는가 하면 라파 슈퍼 크로스(Rapha Super Cross), 젠틀먼스 레이스(Gentlemen's Race), 라파 콘티넨털 아시아(Rapha Continental Asia) 등의 행사를 주최한다. 라파 콘티넨털 아시아 라이딩은 단편 다큐멘터리 시리즈로 제작되기도 했다.

런던, 샌프란시스코, 오사카 등지에 문을 연 '라파 사이클 클럽'은 각 도시와 그 근교의 라이더들이 만나고 교류하는 중심지의 역할을 한다. 클럽은 매장과 카페를 겸하고 있어 갓 갈아 내린 커피를 제공하고, 경기 실황을 보여주며, 자전거와 관련한 전시를 연다. 또한 모든 것을 거의 똑같이 갖춘 카라반이 유럽과 북미 각지를 순회하는데, 일종의 이동식 클럽인 셈이다.

제품과 로고보다는 경험과 감성을 중시하는 발 빠른 브랜딩을 통해 라파는 폭넓은 문화를 아우를 수 있었고, 수많은 라이더들의 자전거와 삶에 대한 이야기들로 더욱 큰 이야기를 세련되게 엮어나갈 수 있었다. 그러한 성공은 사실 출발부터 예견돼 있었다. 공동 설립자인 루크 스카이벨러는 브랜드 및 디지털 디자이너 출신이었다. 그는 지금은 라파를 떠나 ‹더 칼러본›(The Collarbone)이라는 아이패드용 프로 자전거 사진 잡지를 만들고 있다. 라파는 자전거가 더 이상 그저 하나의 라이프스타일, 특히 소수의 사람들만 즐기는 라이프스타일에 그치는 것이 아니라고 생각한다. 이제 자전거는 각계각층의 여러 다양한 종족들이 살아가는 삶 속으로 들어간 혹은 들어가고 있는 하나의 스타일이며, 머지않아 우리 시대의 클래식으로 간주될 무언가를 왕성하게 창조하는 중이다.

VELO: BICYCLE CULTURE AND STYLE

F&Y 레 클라시크 (왼쪽)

프레데리크 보비앵과 야니크 라이안(Frédérique Beaubien & Yannic Ryan)의 머리글자를 딴 F&Y는 몬트리올에서 활동하는 디자인 및 목공예 팀이다. 수제 자전거 핸들바 라인인 레 클레시크(Les Classiques)는 "목공과 자전거에 대한 열정이 만들어낸 결과"라고 한다. 직선과 곡선 두 가지 형태가 있으며 월넛, 체리, 애시, 웽게이, 모라도 등 다섯 종류의 원목으로 꼼꼼하게 공들여 제작하고 천연 오일 실러로 마감했다. 나무에 박아 넣은 알루미늄판과 황동 리벳은 견고성과 내구성을 높여주는 한편 유행을 타지 않는 우아한 분위기를 연출한다.

레이저 컷 스튜디오 레이저 조각 핸들바

평범한 나무 막대기가 실용성과 아름다움을 겸비한 핸들바로 변신했다. 클래식한 디자인에 모던한 요소를 가미하는 것은 가구부터 장신구까지, 애덤 로(Adam Rowe)의 작품 전반에서 나타나는 특징이다. 런던 출신의 로는 2011년 헬싱키에 레이저 컷 스튜디오(Laser Cut Studio)를 열고 날카로운 미감과 디지털 기술을 접목한 공예품을 제작한다.

논유주얼 그로프스

런던에 위치한 디자인 스튜디오 논유주얼(Non-usual)의 자타니 아키라(Akira Chatani)와 야마다 료(Ryo Yamada)가 개발한 그로프스(Grpoes)는 취향에 따라 색상과 길이를 선택할 수 있는 가죽 소재의 핸들 그립으로, 그들의 설명에 의하면 신발 끈을 묶듯이 간편하게 부착 할 수 있다. 하지만 처음 해보는 사람은 어느 정도 시간이 걸릴 것을 예상해야 한다. 그로프스의 길이와 핸들의 모양 그리고 손재주에 따라 10분에서 넉넉잡아 2시간쯤 필요할 수도 있다. 제품은 적당한 크기로 재단하고 구멍을 뚫은 이탈리아산 베지터블 태닝 소가죽, 기다란 끈, 핸들바 끝에 끼우는 천연 코르크 각 한 쌍으로 구성돼 있으며, 가죽 뒷면에는 접착성이 우수한 양면테이프가 붙어 있다. 길이는 두 종류가 있고 색상은 다양하게 구비되어 있다.

CONNOISSEURS

트루 유니크

더 우든 투트랙(The Wooden 2-Track)

옛것과 새것을 결합하여 진정으로 독특한 자전거를 만든다는 것이 트루 유니크(True Unique)의 철학이다. 브라이언 포백(Brian Povak)과 마누엘 둘츠(Manuel Dulz)는 2009년 외국인들이 많이 사는 베를린의 '힙한' 동네 노이쾰른에 공방과 매장, 전시장을 겸하는 공간을 열었다. 이들은 고객이 오래된 자전거를 가지고 오면 프레임을 분리해 새로운 자전거로 탈바꿈시킨다. 정든 빈티지 부품을 활용하되, 안장에 압력이 가해지면 핸들바에 내장된 전조등과 아이폰 충전기, 후미등 따위가 자동으로 켜지는 등의 혁신적인 기술을 적용해 만든 그러한 자전거는 가히 굴러다니는 예술 작품이라 할 만하다. 히어진 시트포스트는 트루 유니크의 트레이드마크인데 안장을 뒤로 약간 빼서 다리를 펼 수 있는 공간을 최대한 확보하기 위해 고안한 것이다.

셰이프 필드 오피스 **셰이프 필드 바이크**

커스텀 자전거 셰이프 필드 바이크(Shape Field
Bike)는 카슨과 메리 섀들리(Karson and Mary
Shadley) 부부가 운영하는 디자인 스튜디오 셰이
프 필드 오피스(Shape Field Office)와, CCA 어
번 모빌리티 랩(Urban Mobility Lab)의 설립자이
자 프레임 빌더 니컬러스 리들(Nicholas Riddle)의
합작품이다. 리들은 카슨 섀들리가 소유한 1987년
산 치넬리 수페르코르사(Supercorsa)의 지오메트
리를 참고해 콜룸부스(Columbus)의 SL 튜브로 러
그 프레임을 제작했다. 탈착 가능한 짐받이는 36kg
까지 실을 수 있다.

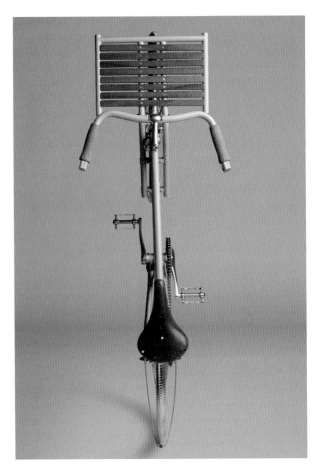

106

3

1. 아이라 라이언 사이클스
포터/시티(Porteur/City)
아이라 라이언(Ira Ryan)은 오랜 세월 자전거 선수와 메신저와 정비공으로 활약한 경험을 살려 2005년부터 도로 경주, 사이클로크로스, 산악, 여행용 자전거를 만들어왔다. 주로 러그 스틸 프레임을 사용하는 라이언의 수제 자전거는 클래식의 절제미와 모던한 요소 그리고 뛰어난 성능이 균형을 잘 이루는 것으로 명성이 높아 현재 주문이 가득 밀려 있다. 라이언은 라파 콘티넨털 지구력 팀의 동료 선수이자 같은 포틀랜드에 거주하는 프레임 빌더 토니 퍼레어러(Tony Pereira)와 함께 라파로부터 의뢰를 받아 한정판 로드바이크 '콘티넨털'을 제작하기도 했다.

2. 사이즈모어 바이시클
2011 오리건 매니페스트 출품작 'OMC'
프레임 빌더 테일러 사이즈모어(Taylor Sizemore)의 말에 따르면 "내 자전거를 타는 사람들은 달리다가 도로 경계석을 마주치면 점프하고 싶고, 물웅덩이를 만나면 첨벙첨벙 튀기며 지나가고 싶고, 모퉁이가 나오면 무조건 꺾고 싶은 기분을 아는 사람들"이다. 어린 시절부터 BMX와 스케이트보드에 푹 빠져 살았던 사이즈모어는 포틀랜드 바닐라 바이시클스(Vanilla Bicycles)의 사샤 화이트(Sacha White) 인터뷰를 읽고 프레임 빌더가 되기로 마음먹었다. 그래서 2006년 오리건 주의 자전거 학교 UBI에서 2주짜리 프레임 빌딩 과정을 수강하고, 2008년에 사이즈모어 바이시클(Sizemore Bicycle)을 오픈했다. 현재 시애틀에 기반을 두고 서서히 명성을 쌓아가는 중이며, 심플하고 깔끔한 선과 핸드 페인팅 레터링이 돋보이는 통근용 싱글 기어 자전거들이 특히 좋은 반응을 얻고 있다.

3. 펠라고
피에타리(Pietari)
헬싱키 중심부에 위치한 펠라고(Pelago)는 "2050년에도 탈 수 있는" 클래식한 자전거를 만드는 데 주력하는 자전거 부티크이자 브랜드다. 바다라는 뜻의 펠라고는 핀란드의 아름다운 다도해를 가리키는데, 그 풍경처럼 심플하고 변치 않으며 실속 있는 것의 가치를 고수한다는 의미를 담고 있다. 가게에는 자전거와 함께 부품, 액세서리, 의류 등이 깔끔하게 정리돼 있다. 2009년 미코와 티모 휘푀넨(Mikko and Timo Hyppönen) 형제가 설립한 펠라고는 실용 자전거 라인으로 시작해 중간 가격대의 여행용 자전거와 도시형 생활 자전거 등을 추가해왔다.

해리 제르니커 **뉴욕의 라이더 (왼쪽)**
자전거 사진 잡지 ‹9W›(9wmag.com)의 창간자
이자 에디터 해리 제르니커(Harry Zernike)는 자
진거 의류 브랜드 라파의 라이더 스트리트 패션 서
베이 프로젝트를 위해 뉴욕이라는 ‘회전 미러볼’을
이루는 수많은 얼굴들을 포착했다.

1. 뱅가드 비처(Bitzer)
2. 뱅가드 알렉산드리아(Alexandria)

Hufnagel Cycles
Jordan Hufnagel

허프네이걸 사이클스
조던 허프네이걸

오리건 주 포틀랜드의 프레임 빌더 조던 허프네이걸(Jordan Hufnagel)은 손재주만큼이나 말재주도 뛰어나다.
오늘날의 자전거 제작이 근년 들어 강렬히 뿜어내고 있는 낭만적 아우라를 지켜보며 그는 우스개로 이렇게 말할 것이다.
자기는 인디애나 주의 옥수수 밭에서 자라며 '나뭇가지와 옥수수 껍질과 파라핀으로 자전거를 만들었다'고.
허프네이걸은 자전거에 대해 얘기할 때면 그의 삶이 자전거와 얼마나 동떨어져 있는지를 애써 강조하곤 한다.

그는 자전거를 타는 것도 좋아하지만 걷는 것도 좋아한다. "매일 타진 않아요." 그도 그럴 것이 가게가 집에서 멀지 않다. 하지만 지난 12년간 차를 소유했던 기간은 1년밖에 되지 않는 만큼, 자전거 페달을 밟는 것은 그의 몸에 배어 있는 일이다. 또한 허프네이걸은 MTV 그래픽 디자이너가 만든 유니폼을 입는 사이클로크로스 팀을 후원하고 있기도 하다. 요컨대 그가 자전거에 대하 품는 생각을 설명하기에 '열정'이라는 단어는 지나치게 무거운 감이 있지만, 그래도 자전거에 상당히 '꽂혀' 있는 건 사실이다.

실제로 어린 시절부터 그랬고, 그랬기에 자연스럽게 일을 배웠다. 아버지의 차고에서, BMX를 타면서, 도로 경기와 사이클로크로스 대회에 참가하면서, 10대 때 아르바이트를 했던 자전거포에서, 자전거 학교 UBI에서 프레임 빌딩 과정을 수강하면서, 그리고 마침내 개인 공구를 갖추고 현장에서 일을 하면서. 포틀랜드는 가장 자전거 친화적인 도시의 하나로 꼽히는 곳이며 2000년 이후 자전거를 이용하는 인구가 250% 넘게 늘어난 도시다. 그가 포틀랜드로 이주한 이래 프레임 빌딩은 세계 각지에서 급격한 붐을 일으켰는데, 여기에는 교육기관의 증가와 인터넷의 발달로 프레임 만들기에 관한 정보외 접근성이 전례 없이 높아진 것이 한몫을 했다. 부품까지 직접 만들어 써야 했던 20세기 중반의 명장 르네 에르스(René Herse)나 알렉스 생제(Alex Singer), 혹은 좀 더 이후 세대인 피터 위글(Peter Weigle), 피터 존슨(Peter Johnson), 마크 디누치(Mark DiNucci), 톰 리치(Tom Ritchey) 같은 프레임 빌더들은 수십 년간 시장의 부침을 잘 버텨냈다. 그러나 이들도 이제 미국뿐 아니라 전 세계에서 속속 생겨나는 새로운 세대의 거대한 물결에 휩쓸리는 판국이다. 유관 기관들도 이러한 추세에 가세해 프레임 빌딩을 더욱 키워나가고 있다. 예컨대 오리건 매니페스트의 컨스트럭터스 디자인·빌딩 챌린지(Constructor's Design-Build Challenge)는 다른 분야와의 창의적 협업을 장려하며, 주최 측도 IDEO나 퓨즈 프로젝트(Fuseproject) 같은 산업 디자인계의 거물들과 손을 잡는 한편 제품 디자인 블로그의 선구자 코어77(Core77) 같은 미디어 스폰서들을 끌어들인다.

이런 현상에서 짐작할 수 있듯 요즘은 많은 보통 사람들의 삶이 자전거와 점점 더 깊이 관련을 맺고 있다. 그러니 허프네이걸이 오직 자전거만 바라보고 살진 않는 것이 오히려 공평하게 느껴지기도 한다. 조만간 그는 동료 제임스 크로(James Crowe)와 함께 작업대에서 벗어나 남미 여행을 떠날 예정이다. 손수 개조한 모터사이클을 타고, 무기한으로. 그리고 wearewestamerica.com에 사진과 여행기를 올릴 것이다. "탈출구가 필요했어요." 허프네이걸이 말한다. "그 여행을 통해 우리는 하고 싶은 걸 다 할 겁니다. 흘러가는 대로 가려고요." 오늘날 자전거 문화의 핵심도 이와 다르지 않을 것이다.

라 파트리무안

라 파트리무안(La Patrimoine)은 빈티지 자전거를 예찬하는 행사다. 파리에 사는 픽시와 자전거 폴로 애호가 카로 폴레트(Caro Paulette)가 시작한 이 행사는 파리에서 40km 떨어진 곳에 위치한 작은 마을 파비에 르앙브리에서 9월 중순의 일요일에 열린다. 참가자는 1900년에서 1990년 사이에 생산되었고 브레이크가 두 개이며 페달 보조 장치가 없는 자전거를 타야 하며, 그 자전거가 만들어진 시대의 복장을 착용해야 한다. 하루 동안 다 같이 시골길을 따라 짧게는 35km, 길게는 65 내지 80km를 달리면서 참가자들은 향수 어린 축제 분위기를 만끽한다. 베스트 드레서와 베스트 자전거를 비롯해 여러 가지 재밌는 상도 마련돼 있다.

앙주 벨로 뱅타주

매년 여름 프랑스 루아르 지방에서는 지난날의 정신을 기리는 라이딩 행사 앙주 벨로 뱅타주(Anjou Vélo Vintage)가 이틀에 걸쳐 개최된다. 세계 각지에서 모여든 랜도너 대회 애호가들이 소뮈르 한복판에서 출발해 포도밭이 펼쳐진 시골길을 따라 30km에서 100km를 달리고, 중간중간 멈춰서 에너지를 보충하며 전원의 경치를 즐긴다. 자전거와 복장은 1950년대에서 1970년대까지의 우아한 빈티지 스타일에 맞추어야 한다. 가령

남자는 양 끝이 말려 올라간 콧수염을 하고 울 저지와 바지를 입고 멜빵을 차고 베레모를 쓰며, 여자는 빈티지 드레스와 모자와 스카프를 착용하고 핸드백을 멘다. 이 행사를 위해 특별히 조성된 2000m²의 빈티지 마을에는 벼룩시장이 서고 스윙과 아코디언 음악이 울려 퍼지며 빈티지 자전거 전시회가 열린다. 부대 행사인 '우아함의 경연'은 최고의 복장과 자전거를 갖춘 참가자들에게 상을 수여한다.

115

1. 뱅가드 처칠(Churchill)
2. 미제리코르디아 X 아비치 벨로치노(Velocino)
3. 뱅가드 브리(Brie)

그레타(Greta)

라트비아의 클래식 자전거 문화는 구스타우스 에렌프레이스(Gustavs Erenpreiss)가 남긴 유산에 기대고 있다. 1927년에 그가 세운 에렌프레이스(Erenpreiss)는 머지않아 라트비아 최대의 자전거 공장으로 발전했으며 발트 해 연안 전역에 자전거를 공급했다. 하지만 제2차 세계대전이 발발하면서 구스타우스는 소련에 회사를 빼앗기고 만다. 그로부터 반세기가 지난 후 그의 종증손 톰스(Toms Erenpreiss)는 에렌프레이스의 빈티지 자전거를 복원하기 시작하는 한편 라트비아 빈티지 자전거 클럽을 설립하고, 라트비아 최초의 트위드 런(복고풍 차림을 하고 클래식 빈티지 자전거를 타는 행사로 런던에서 맨 처음 시작되어 세계 각지로 확산되고 있다—옮긴이)을 조직한다. 그리고 이제 자전거 회사 에렌프레이스를 다시 일으켜, 옛 명성 그대로 우수한 품질을 갖추고 있으면서 모던한 요소가 가미된 클래식 자전거를 생산하고 있다. 런던에 위치한 발트 바이시클 컴퍼니(Baltic Bicycle Company)는 에렌프레이스의 제품을 영국에 유통하고 있으며, 다른 북유럽 클래식 자전거도 추가적으로 들여올 예정이다.

2

3

뱅가드

1. 샤를로트(Charlotte)
2. 하이디(Heidi)
3. 가브리엘라(Gabriela)

포크 엔지니어드 선샤인(Sunshine)

라이언과 마리 리델(Ryan and Marie Reedell) 부부가 자전거와 자전거 제작에 대한 열정으로 2009년에 설립한 포크 엔지니어드(Folk Engineered)는 "해변과 교외 주거지, 산과 도시 정글"이 어우러진 미국 대서양 연안 지역에서 타기 알맞은 실용적인 자전거를 만드는 데 주력한다. 한 대씩 주문을 받아 수제작하는 것으로 시작했으나 지금은 디자인만 하고 제작은 다른 곳에 맡기는 방식의 작업도 한다. 후자의 경우에도 취향에 따라 선택 가능한 옵션이 제공되지만 표준화된 프레임을 사용하므로 기격 부담이 비교적 덜하다. 라이언은 준고등학교 과학 교사, 마리는 보트 제작 강사로 본업이 따로 있는 그들은 시간이 날 때마다 뉴어크에 있는 공장 창고로 달려가 크로몰리와 스틸 자전거를 제작하는 일에 몰두한다.

쓰네히로 사이클스 그로서리 게터(Grocery Getter)
롭 쓰네히로(Rob Tsunehiro)는 미국의 항공우주 및 방위 산업체인 보잉 사의 정비 기술자로 근무하다가 그만두고 커스텀 자전거를 만들기 시작했다. "내가 정말 좋아하고 또 끝까지 할 수 있겠다는 확신이 드는 일을 하고 싶었습니다. 스스로 길을 개척하면서요." 그가 설명한다. 그리하여 2008

년 포틀랜드에 쓰네히로 사이클스(Tsunehiro Cycles)를 설립하고, 뛰어 난 품질과 꼼꼼한 디테일이 돋보이는 TIG 용접 프레임 자전거로 단시간에 명선을 확립했다. 현재 쓰네히로는 시골길용, 사이클로크로스용, 도로용, 그리고 도시형 자전거를 만들고 있으며 짐받이와 바구니도 고객의 요구에 따라 맞춤 제작해준다.

비치클레테 로시뇰리

1900년 밀라노에 설립된 비치클레테 로시뇰리(Biciclette Rossignoli)는 거의 다섯 세대를 거치는 동안 밀라노 자전거 문화의 대들보 역할을 해왔다. 유구한 전통과 우수한 품질로 존경받는 이 전설적인 자전거 제조사는 클래식에서 최신 스타일까지, 다양한 도시 라이더를 위한 수제 자전거를 폭넓게 제공한다. 자전거를 만들고 판매할 뿐만 아니라 수리와 대여도 해주는 로시뇰리 숍은 1926년부터 가리발디 거리 71번지를 지켜온 랜드마크다.

MEETING POINTS
CARGO
CITY BIKES
PAPER GIRLS

URBAN SPEED STERS

도시의 질주자들
만남의 장소, 카고바이크,
도시형 자전거, 페이퍼걸

Falafel + salad £5
Ciabatta + salad £5
Bagel + salad £5
Fillings — cheddar   - tomato
         - feta   - artichoke
         - mozarella   - sun-dried tomato
         - haloumi   - pesto

• porridge £3·50
• muesli, fruit, yoghurt
  + honey £4
• scrambled egg. toast £4·50
• cheese on toast £3
• Baked potato + salad £5·00

pastries
£2 each
£1·50 cream

monmouth coffee
espresso ⓢ 1·50 ⓓ 1·80
cappucino 2·
americano 1·80 (iced)

록 세븐 자전거 카페

코펜하겐의 자전거 문화에 영감을 받은 캐스린 버지스(Kathryn Burgess)와 리 킹(Lee King)은 2008년 런던 최초의 자전거 카페 록 세븐(Lock 7)을 연다. "사람들이 자전거를 타게 만들고, 계속 타면서 즐기게 만들고, 그리하여 어떤 변화를 만들어내는 것"이 록 세븐의 목표다. 베스널그린에 위치한 카페는 바로 옆으로 리전트 운하가 흐르고 자전거를 탄 사람들이 많이 지나다닌다. 고객은 자전거 정비를 받을 수 있으며, 기다리는 동안 커피를 마시거나 음식을 먹고 무료 와이파이를 이용할 수 있다.

룩 멈 노 핸즈!

자전거 문화가 한창 번성한 런던에서 가장 핫한 장소로 꼽히는 룩 멈 노 핸즈!(Look Mum No Hands!)는 자전거 공방과 카페와 술집, 전시장, 상영관을 하나로 합친 공간이다. 런던 동부의 자전거 타기 좋은 도로 올드 스트리트에 위치한 이곳은 오랜 친구 사이인 르윈 챌클리(Lewin Chalkley)와 맷 하퍼(Matt Harper), 샘 험피슨(Sam Humpheson)이 2010년에 함께 차렸다. 그들이 가장 좋아하는 일, 그러니까 모여서 빈둥거리며 커피를 마시고 자전거 경기 실황을 볼 공간을 만들고 싶어서라고 한다. 소탈하고 개방적인 분위기, 널찍한 공간, 대형 스크린, 무료 와이파이, 맛 좋은 커피, 다채로운 맥주 등은 손님들의 발길이 끊이지 않는 비결이다. 도로 경기 팬부터 빈티지 픽시 마니아까지, 나아가 그냥 그 공간에서 나오는 긍정적인 기운에 매력을 느끼는 사람까지 다양한 이들이 룩 멈 노 핸즈!를 찾고 있다.

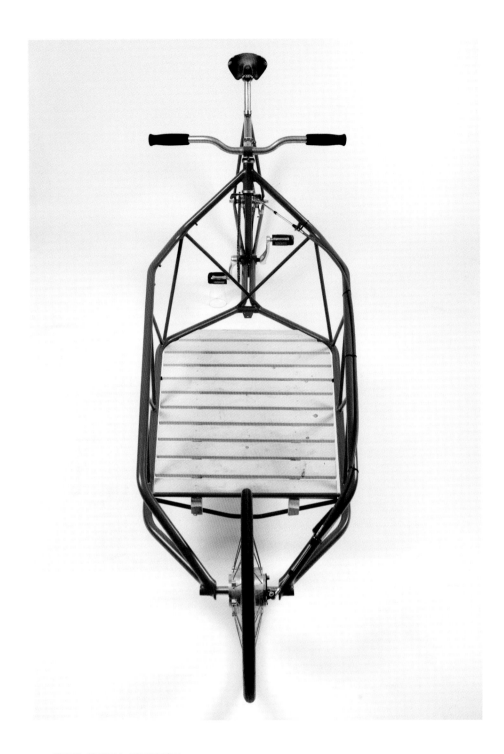

엘리안 사이클스 **카고바이크**

네덜란드 자전거 디자이너 엘리안 펠트만(Elian Veltman)은 "자전거 제작은 내 DNA의 일부"라고 주저 없이 말한다. 어린 시절 조부의 자전거포에서 자전거를 만지작거렸고 나중에 자동차 공학을 전공한 펠트만은 2005년부터 위트레흐트 주에 위치한 그의 공방에서 커스텀 자전거를 제작하고 있디. 앞쪽에 직재함이 날린 우아한 카고바이크는 5단 기어를 장착하고, 크로몰리 스틸 튜브를 필릿 브레이징으로 제작한 프레임을 사용했다. 또한 스티어링 허브를 채택함으로써 앞바퀴의 포크를 없앴다.

트루 유니크
트랜스포트 푹스(Transport Fuchs)

URBAN SPEEDSTERS

야일 리브네 투 고

"환경을 더욱 중시해야 한다는 걸 요즘은 모두가 받아들이고 있죠." 다목
적 DIY 짐받이 투 고(Two Go)를 만든 야일 리브네(Yael Livneh)가 말한
다. 리브네는 몇 가지 간단한 도구를 이용해 흔히 보는 우유 상자를 자전
거 보조 안장 겸 짐 바구니로 재탄생시키고, 쉽게 따라 할 수 있는 방법과
필요한 도구 및 재료를 그림과 함께 기재한 설명서를 제작했다. 이스라엘
디자이너 리브네는 환경 및 사회 디자인 분야에서 활동하고 있다.

정영근, 정아름 릴

한국의 산업 디자이너 정영근(Yeongkeun Jeong)과 정아름(Areum Jeong)은 자전거에 물건을 싣는 방법에 대한 유연하고 미니멀한 해결책을 고안했다. 기다란 탄력 밴드로 만든 릴(Reel)은 자전거 프레임의 큰 삼각형 부분을 수납공간으로 변신시킨다. 프레임에 실리콘 스티커를 붙인 후 거미줄처럼 밴드를 둘러 감으면 근사한 삼각형 바구니가 된다.

폴 컴포넌트 엔지니어링

"1989년 이래 좋은 부품"을 만들어온 미국의 부품 제작 부티크
폴 컴포넌트 엔지니어링(Paul Component Engineering)
의 폴 프라이스(Paul Price)는 진정한 베테랑이다. 수많은 소
규모 부품 제조사들이 인수·합병당하고 경제 위기 앞에서 무
너졌지만 그는 견고한 명성 덕택에 꿋꿋이 살아남았다. 폴 컴
포넌트 엔지니어링은 브레이크와 크랭크와 허브로 가장 잘 알
려져 있지만 실용적인 액세서리도 만든다. 특히 브레이크 스
프링 조절 도구를 겸한 병따개, 스틸 파인트 컵, 평판형 짐받
이 등 음료와 관련된 제품은 산을 오르거나 장시간 도로를 달
리는 라이더들에게 인기가 높다. 컴퓨터수치제어(CNC) 기계
를 이용해 양극산화 알루미늄 튜브와 원목으로 만든 우아한
평판형 짐받이는 11kg까지 실을 수 있어 미국 맥주 박스 하나
는 거뜬히 버틴다.

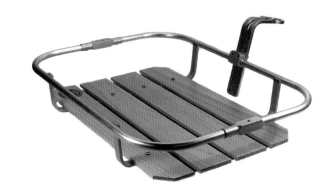

1. 패리스 엘마수 벤트 바스켓

뉴욕의 디자이너 패리스 엘마수(Faris Elma-su)는 스케이트보드 디자인에서 영감을 얻어 벤트 바스켓(Bent Basket)을 디자인했다. 일곱 겹의 월넛 베니어를 이어 붙이고 압축한 뒤 방수처리를 해서 만든 이 자전거 바구니는 가볍고 내구성이 뛰어날 뿐만 아니라 도시의 라이더가 원하는 기능성과 멋까지 겸비하고 있다.

2. 에이헌 사이클스 리어 랙 앤드 바스켓 (Rear Rack and Basket)

브루클리니스 유니버설 바이크

뉴욕에서 활동하는 아르헨티나 출신 디자이너 마누엘 사에스(Manuel Saez)의 브루클리니스(Brooklyness)가 2011년 오리건 매니페스트에서 선보인 유니버설 바이크(Universal Bike)는 두 개의 평행한 프레임이 각각 하나의 고리 모양을 이루는 독특한 프레임이 특징적이다. 또한 변형이 가능해서 라이더의 체형에 맞게, 또 편안한 자세에서 전력 질주 자세까지 그때그때 필요에 맞게 시트튜브와 헤드튜브의 각도를 65° 내지 75°로 조절할 수 있다.

시트포스트와 핸들바의 각도를
65°에서 75°까지 변경할 수 있다.

헤드튜브의 위치를 앞뒤로
5cm 조절할 수 있다.

바이크 픽스테이션

미니애폴리스의 라이더들은 자전거포가 문을 닫았을 때 자전거에 이상이 생겨도 걱정이 없다. 바이크 픽스테이션(Bike Fixtation)에 가서 직접 고치면 되기 때문이다. 채드 드베이커(Chad DeBaker)와 앨릭스 앤더슨(Alex Anderson)의 아이디어에서 나온 이 셀프 정비소 겸 휴게소는 2011년, 시내를 가로지르는 자전거도로이자 시 당국이 꾸준히 진행해온 자전거 문화 지원 사업의 수많은 사례 중 하나인 미드타운 그린웨이에 1호점을 열었다. 바이크 픽스테이션에는 각종 공구가 달려 있는 수리용 거치대와 타이어 공기 주입기, 그리고 자판기가 구비되어 있다. 음료와 간식거리 뿐 아니라 튜브나 라이트 같은 스페어 부품도 자판기로 구매할 수 있다. 바이크 픽스테이션은 이러한 장비를 세트 또는 개별로 판매도 하고 있어 캘리포니아, 오리건, 테네시 주 등지에서도 유사한 형태의 셀프 정비소를 찾아볼 수 있다.

3

1. 워크사이클스 Fr8 크로스프레임(Fr8 Cross-frame)
2. 펠라고 브리스틀(Bristol)
3. 워크사이클스 Fr8 NN8D
4. 벨로비스 로사 로얄(Rosa Royale)

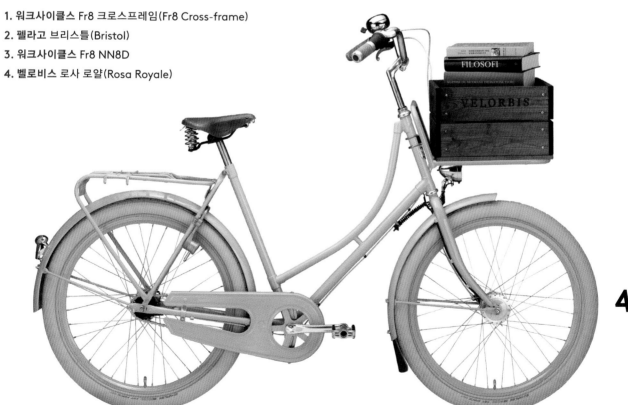

4

1. 벨로비스 라이키에르

벨로비스(Velorbis)는 덴마크 디자이너 라르스 라이키에르(Lars Leikier)와 함께 1950년대 모터사이클에서 영감을 얻은 독특한 한정판 자전거를 만들었다. 특허 받은 강화 스틸로 덴마크에서 수제작한 스틸 프레임, 오토바이 초퍼 스타일의 특이한 포크, 벨로비스의 고급 부품, 크림색 저압 타이어 등이 주된 특징을 이룬다.

2. 쉬켈파브리켄/원 헌드레드

덴마크 패션 브랜드 원 헌드레드(Won Hundred)와 덴마크 자전거 제조사 쉬켈파브리켄(Cykelfabrikken)이 함께 만든 원 헌드레드 바이크는 심플하면서도 기능성이 우수한 스칸디나비아 디자인의 전형을 보여준다. 러그를 사용한 커스텀 스틸 프레임에 자물쇠 가방과 서류 가방, 어깨끈을 넣고 뺄 수 있는 안장 가방이 달려 있다. 가방과 자전거 모두 한정판이며 주문에 따라 맞춤 제작한다.

3. 벨로비스 애로(Arrow)

벨로비스(Velorbis)는 덴마크 디자인과 세련된 코펜하겐 자전거 문화의 전통을 반영하는 수제 클래식 자전거 및 복고풍 액세서리를 전문적으로 생산하고 수출한다. 기능성과 디자인과 품질 어느 하나 놓치지 않는 이 브랜드는, 핸들바가 안쪽으로 휘어져 있어 허리를 곧게 펴고 탈 수 있는 도시형 로드스터와 카고 자전거를 주로 만든다. 디자인은 덴마크에서 하고 제작은 독일에서 이루어진다. 뒷바퀴에 치마가 닿는 걸 막아주는 가죽 스커트 가드라든가 버들가지로 엮은 바구니, 수납용 나무 상자 같은 액세서리는 향수를 물씬 불러일으키는 외관을 완성해준다. 벨로비스는 유럽 전역의 판매업체에 명품 자전거를 공급함으로써 클래식 자전거의 유행이 퍼져나가는 데 기여해왔으며, 환경을 중시하는 덴마크 정부와 협력하여 정치인들이 코펜하겐 도심에서 회의를 하러 갈 때 타는 전용 자전거를 만들기도 했다.

2

3

URBAN SPEEDSTERS

셉스훌트 Z 바이크

스웨덴의 자전거 제조사 셉스훌트(Skeppshult)는 살아 있는 전설이다. 1911년 스웨덴 셉스훌트에 세워진 이 회사는 프레임 용접과 도장부터 바퀴 제작, 부품 조립까지 모두 내부에서 자체적으로 해결해왔다. 그리고 요즘은 최신 기술과 전통 공예를 결합한 자전거들을 자신 있게 선보이고 있다. 멋지면서도 기능적인 디자인에 초점을 맞추는 셉스훌트의 주력 제품은 허리를 세우고 탈 수 있으며 고장이 잘 나지 않는 편안한 클래식 자전거다. 산업 디자이너 비에른 달스트룀(Björn Dahlström)과의 컬래버레이션으로 디자인상을 받은 Z 바이크(Z Bike)는 건축적 요소를 적용한 프레임, 우아한 외관, 신뢰성 높은 최고급 부품을 자랑한다. 이 자전거는 도시 라이더들이 선망하는 현대 디자인의 아이콘이 되었다. 최근 셉스훌트는 화장품 회사 페이스 스톡홀름(FACE Stockholm)과 협력을 맺고 6가지 색상의 클래식 스텝스루 자전거를 출시했다.

1

2

1. 크림 사이클스 리스트레토(Ristretto) (위),
   카페레이서 맨 도피오 블랙(Caferacer Men Doppio Black) (아래)

크림 사이클스(Creme Cycles)의 'creme'은 크리에이티브 민스(CREative MEans)의 앞 글자를 딴 말로서 창의적인 교통수단을 의미하는 동시에 자전거를 맛있는 커피처럼 바라보는 관점을 암시한다. "자전거는 이탈리아 에스프레소와 같다고 생각합니다. 심플하면서도 대중적이고, 사랑과 정성이 담겨 있죠. 어찌 보면 예술 작품이나 마찬가지예요." 크림은 록 뮤지션이자 MTB 선수 출신이며, 더트 점프용 자전거 제작의 선두 주자인 폴란드 NS 바이크스(NS Bikes)의 설립자 시몬 코빌린스키(Szymon Kobyliński)가 만든 브랜드다. 현재까지 출시한 모델은 남녀 공용 글라이더(Glider), 네덜란드 스타일의 홀리몰리(Holymoly), 20세기 중반의 통근용 자전거를 본떠 만든 카페레이서(Caferacer) 등이 있다. 미니멀한 디자인의 트랙 자전거 라인인 바이닐(Vinyl)은 일본 단게(Tange)의 고성능 프레임을, 클래식 라인은 베트남산 수제 프레임을 사용하며 도장과 조립은 모두 폴란드에서 이루어진다.

2. 스탠리지 스피드 트래디셔널 러그
   프레임(Traditional Lugged Frame)

URBAN SPEEDSTERS

위고 가토니 바이시클

검은색 잉크로 그린 정교한 드로잉으로 잘 알려진 프랑스 아티스트 위고 가토니(Ugo Gattoni)는 2012년 런던 올림픽을 기념해, 자전거에 관한 멋진 그림을 탄생시켰다. 5m 길이의 종이에 723시간에 걸쳐 작업한 원작은 19.5x33cm 판형으로 축소되어 『바이시클』(Bicycle)이란 이름의 10쪽짜리 접이식 책으로 출간됐다. 책을 펴낸 노브로 프레스(Nobrow Press)는 일러스트 북, 그래픽 노블, 만화, 어린이책을 전문으로 하는 런던의 소규모 출판사로서 세계 각지의 재능 있는 아티스트들의 작품을 발굴하고 소개한다.

머더 뉴욕 (오른쪽)

뉴욕 하면 수많은 노란색 택시가 도로를 가득 메우고 있는 이미지가 떠오른다. 바이크 NYC(Bike NYC)와 대안 교통(Transportation Alternatives)은 뉴욕에서 자전거 타기를 장려하고 지원하는 대표적인 단체다. 비영리 기관인 이들은 자전거 공유 프로그램 시티 바이크(Citi Bike)의 출범을 앞두고 시민들의 관심과 토론을 유도하기 위해 크리에이티브 에이전시 머더 뉴욕(Mother New York)의 도움을 받았다. 광고판과 인쇄물을 통한 게릴라식 캠페인을 위해 머더 뉴욕은 자전거 타기에 관한 짤막한 문구들을 멋들어진 타이포그래피로 표현하고 디지털로 합성해 도로 바닥에 찍혀 있는 것처럼 만들었다.

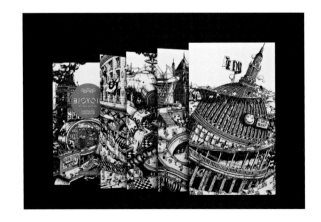

고스트 바이크스

2003년 이래, 전 세계 180여 곳에 500대가 넘는 고스트 바이크(Ghost bike)가 세워졌다. 자전거를 타다가 차에 치여 크게 다치거나 사망한 사람들을 기억하기 위한 고스트 바이크는 전체를 흰색으로 칠해 사고 장소 근처의 기둥이나 나무에 매어 두며, 희생자의 이름을 적은 작은 팻말을 함께 달기도 한다. 이 하얀 자전거는 평범한 길모퉁이에서 일어난 비극을 되새기고 자전거 이용자의 안전한 통행권을 말없이 주장하는 기능을 한다.

보통은 누가 세웠는지 알 수 없지만 최초의 아이디어는 파트릭 판데르타윈(Patrick Van Der Tuin)에게서 나왔다. 그는 2003년 미주리 주 세인트루이스에서 자전거 사고를 목격하고는 그 자리에 "자전거를 타던 사람이 이곳에서 사망했습니다"라는 팻말을 단 하얀 자전거를 세웠다. 그리고 그것이 운전자들에 대한 경고문으로서 효과를 나타내자, 곧이어 친구들과 함께 자전거 사고가 일어난 지점 15군데를 더 찾아내 추가로 설치했다.

자리에의 카페

베를린에 거주하는 사와다 리에(Rie Sawada)는 커피를 사랑한다. 그리고 자전거도 사랑한다. 그래서 자리에의 카페(CharRie's Café)를 열었다. 일본에서 독일로 건너온 지 얼마 되지 않았을 때, 2011년 벨로베를린 자전거 축제 현장에 처음으로 '커피 자전거'를 끌고 나간 이후, 리에는 시내 곳곳을 돌아다니며 커피를 내린다. 자리에의 카페는 길모퉁이나 자전거 가게 옆, 자전거 행사장 등지에서 만날 수 있다.

리아 버커레프 더 레젠 라운지 (오른쪽)

캐나다의 비주얼 아티스트 겸 뮤지션 리아 버커레프(Leah Buckareff)가 베를린에서 운영하는 더 레젠 라운지(The Lesen Lounge)는 낭만적인 펑크 정신을 담은 이동식 도서관으로 독립 출판물과 진(zine)들을 싣고 다닌다. 'Lesen'은 '읽다'라는 뜻의 독일어 단어다. 더 레젠 라운지에서는 세계 각지의 아티스트들이 만든 50여 종의 진을 만날 수 있으며 목록은 주기적으로 업데이트된다. 버커레프는 시내 곳곳의 다양한 장소로 자전거 도서관을 끌고 다니는데, 더 레젠 라운지 웹사이트에 들어가면 손으로 그린 지도와 함께 순회 일정을 볼 수 있다.

159

Boneshaker Magazine
James Lucas & John Coe

본셰이커 매거진
제임스 루커스, 존 코

〈본셰이커〉(Boneshaker)는 광고 없는 비영리 일러스트 계간지로서 동시대 세계의 자전거 문화를 다룬다. 제호는 이륜차의 역사에 한 획을 그은 발명품에서 따왔다. 1860년대에 등장한 현대 자전거의 전신은 '빠른 발'이라는 뜻의 벨로시페드로 불렸는데, 영국과 미국에서는 '본셰이커'란 별명으로 통했다. 딱딱한 프레임과 철제 바퀴로 된 그 자전거를 타면 뼈가 다 덜덜거렸기 때문이다. 이런 문제는 후에 볼베어링과 튼튼한 고무 타이어를 장착하면서 많이 해소됐다.

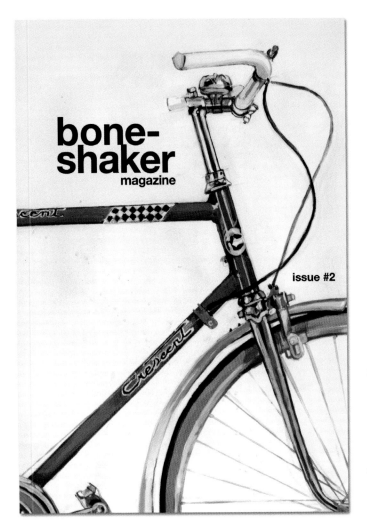

2009년에 창간된 〈본셰이커〉는 레트로 모던 스타일의 외관, 세련된 그래픽, "보고타에서 뉴욕까지, 슬로바키아에서 수단까지" 전 세계의 자전거 문화를 보여주는 실속 있는 내용으로 수많은 자전거 잡지 가운데서 단연 돋보인다. 이 잡지는 공동 창간자이자 편집자 제임스 루커스(James Lucas)와 역시 공동 창간자이자 크리에이티브 디렉터 존 코(John Coe) 그리고 편집장 마이크 화이트(Mike White)가 이끌고 있다. 화이트가 선별하는 기사들은 자전거와 삶이 겹치는 방식을 심도 있게 다루며, 공공 정책과 도시계획부터 예술과 철학에 이르기까지 다양한 분야를 아우른다. 자전거는 그러한 분야의 여러 가지 방식으로, 때로는 예상치 못한 방식으로 관계를 맺고 있기 때문이다. "자전거 훈련에 관한 조언이나 경기 출전에 대비한 다이어트 비결 같은 기사는 없습니다. 광고도 없고요." 〈본셰이커〉가 지키는 원칙이다. "자유와 우정 그리고 모험에 관한 잡지죠."

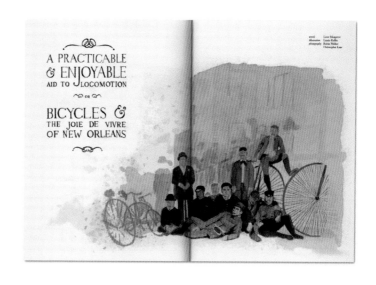

예를 들어 2호는 레바논으로, 인도로, 벨리즈의 정글로, 눈이 무릎까지 쌓인 몬태나 주로 기나긴 자전거 여행을 떠난 사람들의 이야기를 들려준다. 5호는 모터 달린 이동 수단이 환경과 정면충돌하고 있는 인도를 탐방하고, 1880년대로 거슬러 올라가는 뉴올리언스의 자전거 역사를 상술한다. 7호는 빈곤한 감비아 라이더들의 자전거 묘기를 소개하는 한편 '자전거와 불교'에 대해 고찰한다. 9호에서는 작가 저메인 그리어(Germaine Greer), 필립 라킨(Philip Larkin), 저넷 윈터슨(Jeannette Winterson)이 자전거의 섹슈얼리티에 대해 논하며, 10호는 "용에서 돈키호테까지" 자전거와 극장의 접점을 탐구하고 런던의 장인 라이언 매케이그(Ryan McCaig)의 프레임 빌딩을 살펴본다.

〈본셰이커〉는 루커스가 브리스틀의 한 카페에서 냅킨 뒷면에 끼적거린 낙서에서 탄생했다. 그러나 그 전에 이미 그는 자원봉사자들을 모집해 운영하는 브리스틀 바이크 프로젝트(Bristol Bike Project)를 시작했었고, 코와 함께 〈건파이트29〉(gunfight29)라는 진(zine)을 만든 적이 있었다. 그들은 자전거가 삶을 풍요롭게 할 수 있다고 믿었다. 창간호가 나왔을 때 둘은 런던으로 가서 수레 달린 자전거에 잡지를 싣고 시내 곳곳의 자전거숍과 서점을 방문했다. 그렇게 해서 모두 팔고 딱 한 권 남았는데, 그건 브리스틀로 돌아오는 기차 안에서 만난 자전거 애호가가 사 갔다. 그 뒤부터 "모든 것이 술술 풀렸다"고 한다.

—34—

—35—

페이퍼걸

베를린의 디자이너이자 아티스트 아이샤 로니거(Aisha Ronniger)는 새롭고 특색 있는 방식으로 대중이 예술을 접할 수 있도록 하기 위해 2006년 페이퍼걸(Papergirl)이라는 프로젝트를 시작했다. 미국 신문 배달 소년의 이미지에서 영감을 얻은 이 기획은 자전거를 탄 여성들이 돌돌 말린 예술 작품을 행인에게 건네는 것을 골자로 하며, 세계 각지의 다른 도시들로도 확산되고 있다. 프로젝트는 공개 모집을 통해 작품을 받아 전시를 연 다음 사람들에게 나누어 주는 식으로 진행된다. 또한 부대 행사인 뮤턴트 바이크 워크숍(Mutant Bike Workshop)에서는 참가자들이 낡은 자전거를 재활용해 조각 작품을 만든다.

로브터 웩슬러 서큘러 바이크

로스앤젤레스의 조각가 로버트 웩슬러(Robert Wechsler)는 일상의 친숙한 사물들을 이용해 "흔히 우리의 일상적 경험을 규정하는 관습들에 내재된 유연성을 증명하기 위해 통념을 흔드는" 작업을 한다. 서큘러 바이크(Circular Bike)는 폐자전거 9대와 쇠 파이프와 노란색 페인트로 만든 작품이다. 기발하면서도 기능적인 이 작품은 해체와 재조립이 쉽게 가능해서 공공장소로 옮겨 다양한 라이더들의 관심을 끌 수 있다.

사이클로-폰

뉴욕에서 활동하는 베네수엘라 건축가 마르셀로 에르토르테기(Marcelo Ertorteguy)와 사라 발렌테(Sara Valente)가 디자인한 사이클로-폰(Cyclo-phone)은 자전거로 연주하는 악기다. 바닥에 고정된 자전거에 앉아 페달을 밟으면 연결된 장치에서 소리가 나고, 밟는 속도에 따라 리듬이 바뀐다. 시중에서 구입할 수 있는 재료들로 만든 사이클로-폰은 납작한 고무 조각이 PVC 파이프를 치고 지나가면서 소리를 낸다. 커다란 플라스틱 대야에 여덟 개의 PVC 파이프를 방사형으로 꽂고 중앙에 지전기 바퀴를 설치한 뒤 림에 고무 조각을 달았다. 파이프는 길이가 다 달라서 제각기 다른 음을 낸다. 뉴욕 시 교통국에서 후원한 2012년 서머 스트리츠 축제 때 전시된 인터랙티브 설치물의 하나다.

환경교통협회 혼스터

도로를 달릴 때 배려심 없는 운전자들에게 무시를 당할 뿐만 아니라 사고 위험에 노출돼 있어 늘 불안한 라이더들에게 혼스터(Hornster)는 해답을 제시한다. 이 콘셉트 자전거에는 보통 기차에 사용되는 에어차임(AirChime) KH3A 경적 세 개가 장착돼 있는데, 톱튜브에 끼워진 스쿠버용 공기통으로 작동한다. 혼스터는 '환경 친화적인' 자전거 및 자동차 보험을 제공하는 영국 환경교통협회(ETA)의 야닉 리드(Yannick Read)가 도시 거리를 달리는 자전거 이용자 들이 직면하는 위험을 알리기 위해 개발했다. 귀청이 터질 정도인 178데시벨까지 낼 수 있는 혼스터는 소리도, 크기도 너무 크기 때문에 일상에서 탈 수 있는 실용적인 자전거는 못 되며 국가에 따라서는 불법일 수도 있지만, 그만큼 강렬한 효과를 내기 때문에 상징적인 기능은 톡톡히 한다. 리드는 같은 목적을 위해 화염 방사 자전거도 만든 바 있다.

벨로노테

벨로노테(Velonotte)는 수많은 시민들이 모여 등불이 밝혀진 아름다운 도시의 밤거리를 자전거로 달리는 행사다. 모스크바의 건축사 교수 세르게이 니키틴(Sergey Nikitin)의 아이디어로 탄생한 이 행사는, 니키틴이 1997년 건립한 '도시 연구 극장' 모스쿨트프로크(Moskultprog)의 주최로 러시아 도시들을 걸어서 탐방하던 것이 모태가 됐다. 2007년 모스크바에서 최초로 열린 연례 벨로노테는 이후 상트페테르부르크, 로마, 런던, 뉴욕, 이스탄불 등지로 번져 나갔다.

TREKKING BIKES
COUNTRYSIDE
FAT TIRES
TRAVELING GEAR

ON
TOUR

자전거 여행
트레킹 자전거, 시골길,
광폭 타이어, 여행 장비

사진: 스티븐 네레오

스위스의 스키 휴양지 지명에서 이름을 따온 독일 브랜드 말로야(Maloja)
는 평상시에도 입을 수 있는 기능성 아웃도어 의류를 생산한다. 디자인과
패턴 및 색상에서 알프스의 자연과 문화의 영향이 엿보이는 제품들을 선보
여온 말로야는 최근 안데스 지방을 연상시키는 컬렉션을 출시했다. 이 컬렉
션에는 볼리비아 전통 의상의 패턴과 색상이 반영돼 있을 뿐만 아니라 볼리
비아 여성들이 직접 뜬 액세서리도 포함돼 있다. 판매 수익금의 일부는 집
없는 볼리비아 아동들을 돕기 위한 자선사업에 기부된다.

하네브링크 X2

미국 산악자전거 챔피언 출신의 항공우주공학자 댄 하네브링크(Dan Hanebrink)는 캘리포니아 주 빅베어레이크에 있는 그의 공방에서 '극지' 자전거를 주문에 따라 제작한다. 2003년 탐험가 더그 스타우프(Doug Stoup)의 남극 여행을 위해 광폭 타이어를 장착한 아이스 바이크(Ice Bike)를 만든 것이 시초였다. 초기 모델은 순전히 사람의 힘으로 움직이지만, 견인력을 확보하고 급회전 시 안정성을 높이기 위해 20x8인치의 광폭 타이어를 장착한 전기 자전거들이 후속 개발

됐다. 이 자전거들은 접지면이 넓어 풀밭에서도 부드러운 주행이 가능하기 때문에 골프장에서 타기도 좋다. 그래서 하네브링크는 뒤에 달 수 있는 골프 카트도 만든다. X2와 X3는 최대 시속 64km이고, 허슬러 X5(Hustler X5)는 시속 128km까지 달릴 수 있다. 전기 자전거는 환경에 미치는 영향을 최소화하면서 흙, 모래, 눈, 도로 위 어디서나 빠르게 이동할 수 있는 수단이다.

제프 존스 바이시클스

많은 이들은 험준한 지형을 달리려면 서스펜션이 필수라고 생각하겠지만, 오리건 주의 프레임 빌더 제프 존스(Jeff Jones)는 리지드 프레임만을 고집한다. 그 대신 소재와 프레임 모양, 포크, 핸들바, 타이어 폭 같은 요소들을 완벽히 결합함으로써 완충 기능이 자연스럽게 발현되게끔 한다. 존스의 시그너처인 3D 스페이스프레임(3D SpaceFrame)과 트러스형 포크는 제어력에 지장을 주지 않으면서 충격을 흡수하도록 고안되었다. 트러스형 포크는 29인치 광폭 타이어에 맞게 디자인됐고, 특허 받은 H-바

(H-bar)는 허리를 펴고 편한 자세로 타면서 핸들을 보다 쉽게 조종할 수 있게 해준다. 커스텀 티타늄 자전거는 더 이상 주문을 받지 않지만 스페이스프레임, 전통적인 다이아몬드 프레임, 트러스형 포크, 유니크라운 포크 등 몇 가지 제품을 판매하고 있다. 이를 선택해서 주문하면 그의 커스텀 자전거와 같은 지오메트리의 티타늄 및 스틸 프레임 세트를 보다 저렴한 가격에 보다 빨리 만나볼 수 있다.

버드니츠 바이시클스

아트 토이 브랜드이자 스토어 키드로봇(Kidrobot)을 비롯해 여러 회사를 창립한 기업가 폴 버드니츠(Paul Budnitz)는 2010년 버드니츠 바이시클스(Budnitz Bicycles)를 세웠다. 그의 이름을 딴 이 자전거 회사는 수제 티타늄 및 스테인리스스틸 프레임의 도시형 자전거를 만든다. '아무것도 더하지 않는다'는 철학을 따르는 버드니츠의 자전거는 유행을 타지 않는 미니멀한 디자인이 특징을 이루며, 꼭 필요한 요소가 빛을 발하게 하

는 데 초점을 맞춘다. 모든 제품은 튜브가 둘로 갈라진 캔틸레버 프레임으로 되어 있다. 충격 흡수, 광폭 타이어, 카본 소재의 벨트 구동계에 최적화된 이 독특한 프레임은 부드럽고 깔끔한 주행을 보장한다. 부품도 최고급만 사용하는데 대부분 미국, 유럽, 일본의 부티크에서 경주용으로 개발한 것들이다. 도시의 거리를 민첩하게 누빌 수 있도록 좀 더 작은 타이어를 장착한 자전거를 포함해 현재까지 다섯 가지 모델이 출시되었다.

3

1. No.1 티타늄(No.1 Titanium)
2. 티타늄 병따개 겸용 렌치
   (Titanium Beer Wrench)
3. No.2 티타늄(No.2 Titanium)
4. No.3 허니 에디션
   (No.3 Honey Edition)

4

트리스탕 코프 마마 로바

자전거 애호가가 산업 디자인을 공부한다면 어떤 창작물이 나올까? 런던
에서 활동하는 프랑스 디자이너 트리스탕 코프(Tristan Kopp)가 만든 것이
바로 그러한 예다. 프랑스에서 포르투갈까지 2000km를 여행하기 위해
코프는 가스파르 티네-브레(Gaspard Tiné-Berès)와 함께 두 명이 나란
히 앉아서 타는 탠덤 자전거 마마 로바(Mama Iova)를 개발했다. 평지에
서의 순항속도는 시속 20km이고 시속 72km까지 낼 수 있다.

호르헤 마녜스 루비오 유랑 공장 '울트레이아'

스페인의 아티스트이자 디자이너 호르헤 마녜스 루비오(Jorge Mañes Rubio)의 프로젝트 울트레이아(Ultreia)는 산티아고 순례길을 700km 길이의 생산 라인으로 바꾸어 놓는다. 그는 자가발전이 가능한 이동식 공장을 통해 현장에서 대안적 사물과 퍼포먼스를 생산함으로써 근래에 진행되어온 이 길의 상업화에 이의를 제기하고자 한다. 생산은 공장이 거쳐가는 지역의 자원과 산업을 활용하고 그곳에서 만난 사람들의 영향을 받아 이루어진다. 루비오는 자전거가 움직이면서 함께 회전하는 성형기, 텐트, 태양 전지판을 갖춘 이 공장을 2주 동안 끌고 다니며 생산 라인을 가동하고 길 위에서 모든 숙식을 해결했다. 그리고 그 과정에서 야구 모자, 플라스틱 축구 트로피, 별자리표, 바이오수지 램프 등을 만들어냈다.

케빈 커니프 자전거로 떠나는 세계 여행 '월드 사이클 레이스'

자전거로 세계 일주를 한다면 무엇을 가져가고 무엇은 가져가지 않겠는가? 장거리 라이딩 마니아 케빈 커니프(Kevin Cunniffe)는 월드 사이클 레이스(World Cycle Race)의 출발을 기다리는 참가자들의 짐을 살펴보며 찰칵찰칵 셔터를 눌렀다. 2012년 2월 18일 아홉 명의 라이더가 영국 그리니치 공원에서 29000km의 여정에 나섰다. 후원 없이 진행된 이 대회는 "아마 세계에서 가장 길고 가장 험난한 자전거 어드벤처 레이스일

것"이라 전해진다. 31세의 마이크 홀(Mike Hall)은 이 대회를 통해 하루 평균 320km를 달리면서 91일 18시간에 걸쳐 세계 일주를 완수하여 세계 기록을 약 2주 잎딩겼다(중간에 비행기나 배로 이농한 시간은 제외한 기록이다). 커니프가 촬영한 사진들은 런던에 기반을 둔 자전거 의류 온라인 쇼핑몰인 올웨이즈 라이딩(Always Riding)의 자전거 문화 관련 블로그에 올라왔다.

1. 마틴 워커의 자전거

왼쪽부터 벨(Bell) 저가 전조등, 가민 오리건 200(Garmin Oregon 200), 캣아이 엔듀로 (Cateye Enduro) 속도계, 스폿-1(SPOT-1) 위성 위치 추적기. 노란 주머니 속에는 알프킷 (Alpkit) 슬리핑 패드가 들어 있다.

2. 마이크 홀의 자전거

위에서부터 두 개의 캣아이 엔듀로 속도계, 애플 아이폰, 가민 에지 705(Garmin Edge 705). 핸들바 아래에 오렌지색 스폿-1 위성 위치 추적기와 물통 두 개가 달려 있다.

1. 밸리 컴포넌츠 식스팩 랙

캐나다 브리티시컬럼비아 주 밴쿠버의 라일 밸리(Lyle Vallie)가 운영하는 밸리 컴포넌츠(Vallie Components)는 정밀한 자전거 부품과 독특한 짐받이를 주문 제작한다. 삼나무와 스테인리스로 만든 식스팩 랙(Six Pack Rack)은 맥주 6캔을 묶을 필요 없이 가지고 다닐 수 있게 디자인된 짐받이다. 위쪽 틀은 분리가 가능해서 떼고 다른 물건을 실어도 된다.

2. 레몰로 배기지 바이시클 툴 롤

포틀랜드 레몰로 배기지(Lemolo Baggage)의 창립자 일라이어스 그레이(Elias Grey)가 제작한 바이시클 툴 롤(Bicycle Tool Roll)은 실용성과 스타일이라는 두 마리 토끼를 모두 잡고 싶은 라이더가 반길 만한 액세서리다. 레트로 모던풍의 이 공구 주머니는 왁싱 처리되어 내후성이 우수한 코튼 캔버스와 베지터블 태닝을 거친 튼튼한 가죽으로 만들어졌으며 금속 장식이 덧대어져 있다. 육각 렌치용 칸 7개와 다른 4개의 칸이 있어 깔끔하고 편리한 수납이 가능하다.

스위프트 인더스트리스
시애틀의 마티나 브리머(Martina Brimmer)와 제이슨 굿먼(Jason Goodman)은 그들의 회사 스위프트 인더스트리스(Swift Indust-ries)에 대해 "문화의 찬미이자 자전거에 바치는 찬가"라고 말한다. 이는 자전거 관련 공예를 설명하는 말이기도 하다. 그들은 사랑스러운 자전거용 수제 가방과 액세서리를 만든다.

라파엘 사이클스

"자전거는 라이더에게 자신감을 불어넣어야 합니다. 라이더의 아래에서 사라져야 하죠. 폭탄이 떨어져도 끄떡없는, 예술성과 품질을 두루 갖춘 기계가 되어야 합니다." 라피 아일(Rafi Ajl)이 역설한다. 뉴욕 브루클린 토박이인 그는 서부 해안으로 이주한 후 생활 방식으로서의 자전거에 푹 빠지게 됐다. 그리하여 2009년 샌프란시스코의 자유분방한 동네 미션디스트릭트에 라파엘 사이클스(Raphael Cycles)를 열고, 양식화된 미니멀리즘이 돋보이는 커스텀 스틸 자전거를 만들어왔다. 아일은 능숙한 프레임 빌더로서뿐만 아니라, CCA 어번 모빌리티 랩(Urban Mobility Lab)에서 미래의 자전거 디자이너 세대에게 기술과 노하우를 전수하며 강사로서도 명성을 쌓고 있다.

1. 제프리의 풀 드레스 투어러(Full Dress Tourer)
2. 라파엘의 랑도네(Randonee)
3. 조시의 더트 캠퍼(Dirt Camper)

190

1. 쓰네히로 사이클스
2011 오리건 매니페스트 출품작 미드테일(Midtail)
롭 쓰네히로(Rob Tsunehiro)가 디자인하고 만든 카고 자전거. '현대 도시인을 위한 궁극의 실용 자전거'를 찾는 2011년 오리건 매니페스트의 컨스트럭터스 디자인 챌린지에서 2위를 차지한 작품으로, 뒤쪽이 길게 설계됐다. 포틀랜드의 산업 디자이너 사일러스 비비(Silas Beebe)와 함께 제작했으며, 핸들 그립과 안장이 가죽으로 되어 있고 뒷좌석용 손잡이가 있는 것이 특징이다. 프레임은 특수 코팅으로 빛을 반사하도록 처리되어 야간 주행 시 눈에 잘 띈다.

에이헌 사이클스
"그저 그런 자전거를 타기에 인생은 너무 짧아요." 프레임 빌더 조지프 에이헌(Joseph Ahearne)은 단언한다. 포틀랜드에서 에이헌 사이클스(Ahearne Cycles)를 운영하는 그는 여행용부터 랜도너 대회 참가용, 도시 생활용까지 온갖 용도를 위한 클래식 스틸 자전거와 커스텀 짐받이를 만든다. 견고한 사이클 트럭(Cycle Truck)은 무거운 짐을 싣고도 일반 자전거처럼 쉽게 조종이 가능하다. 전동 페달 보조 장치를 비롯해 여러 가지 옵션이 마련돼 있어 주문 제작 및 업그레이드를 원하는 고객의 다양한 취향과 욕구를 충족시킨다.

에이헌 사이클스
2. 믹스트 투어링 트웬티나이너(Mixte Touring 29er)
3. 짐받이가 달린 스테인리스스틸 로드바이크(Stainless Steel Road Bike)
4. 주세페 랜도너(Giuseppe Randonneur)

1

박서 바이시클스

오리건 주의 자전거 학교 UBI 졸업생이자 열혈 랜도너인 댄 박서(Dan Boxer)는 2005년부터 시애틀에서 자전거를 만들고 있다. 전통적 요소에 최고급 현대식 부품과 마감재를 결합하는 그는 1930년대에서 1960년대에 프랑스에서 생산된 전천후 클래식 자전거에서 영감을 얻는다고 한다. 박서 바이시클스(Boxer Bicycles)는 최대 12개월까지 걸려서 만드는 백 퍼센트 커스텀 자전거 외에 브르베 시리즈(Brevet Series)도 제작한다. 보다 능률적인 과정을 통해 생산되는 이 랜도너 자전거들은 러그 스틸 프레임과 포크로 되어 있고 나머지 부품과 액세서리는 3가시 구싱 중 선택가능하다. 모든 자전거는 통합형 체인 걸이 시스템이라는 옵션을 제공하는데, 이 시스템은 체인을 건드리지 않고 뒷바퀴를 간편하고 깔끔하게 분리할 수 있게 해준다.

2

1. 박서 바이시클스 WJACO11

스테인리스스틸 소재의 S&S 커플러를 장착한 여행용 랜도너. 자전거를 반으로 분리해 미국 연방항공청이 승인하는 가방에 넣어 비행기에 탑승할 수 있으며 크기 제한 초과에 따른 추가 요금을 지불하지 않아도 된다.

2. 박서 바이시클스 GYORK10

크롬 도금한 커스텀 짐받이가 달린 최고급 도시 탐험용 자전거. 기어 케이블을 감싸고 고정하는 장치가 짐받이와 통합돼 있어 핸들 앞에 커다란 가방을 실어도 무방하다.

3. 기크하우스 로라의 650B 우드빌(650B Woodville)

4. 리틀퍼드 커스텀 바이시클스 출사용 자전거

포틀랜드에서 1인 공방 리틀퍼드 커스텀 바이시클스(Littleford Custom Bicycles)를 운영하는 존 리틀퍼드(Jon Littleford)는 스틸 프레임의 여행용 자전거를 주문 제작한다. 20세기 중반에 만들어진 프랑스 자전거의 전통을 이어받은 그의 자전거는 "나들이, 여행, 탐험" 등을 위해 필요에 맞게 고안된 혁신적이고 튼튼한 짐받이를 갖추고 있다.

3

4

1

리벤델 바이시클 워크스

리벤델 바이시클 워크스(Rivendell Bicycle Works)는 "러그 스틸 프레임, 똑똑한 부품과 액세서리, 울 의류, 가죽 안장, 그리고 유익한 조언을 제공"한다. 캘리포니아 주 북부에 위치한 이 회사는 그랜트 피터슨(Grant Petersen)이 브리지스톤 자전거 USA(Bridgestone Cycle USA)의 마케팅 책임자와 제품 관리자로 10년간 일하면서 쌓은 경험을 바탕으로 1994년에 설립했다. 브랜드를 넘어 철학을 강조하는 리벤델은 전통과 편안함 그리고 내구성의 편에 서서, 고성능과 속도를 중시하고 레이싱 위주의 패션을 추종하는 북미 자전거 문화에 단호히 반기를 든다. 미국, 일본, 타이완의 제조사들과 협력해 프레임을 생산하고 주문 제작은 마크 노빌렛(Mark Nobilette)에게 의뢰한다. 모두가 자전거를 프로 레이서처럼 탈 필요가 없음을 주장하는 피터슨은 2012년에 '언레이서'를 위한 매뉴얼「자전거, 그냥 즐겨라」(Just Ride: A Radically Practical Guide to Riding Your Bike)를 출간했다.

1. 아틀란티스(Atlantis) (디테일)
2. A. 호머 힐슨(A. Homer Hilsen)
3. 아틀란티스

2

3

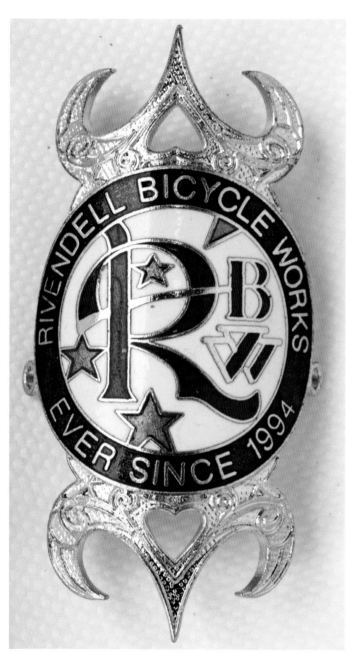

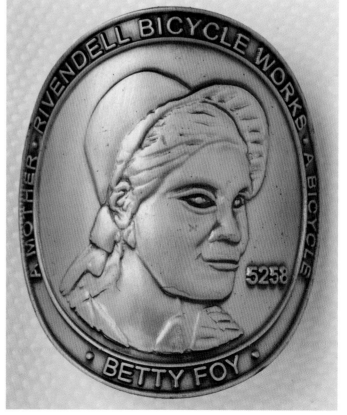

리벤델 바이시클 워크스 헤드튜브 배지

헤드 배지는 원래 자전거 제조사들이 다양한 브랜드와 모델을 구별하기 위해 사용한 것이지만, 20세기 중반 무렵엔 예술의 경지에 도달했다. 이후 원가 절감을 위해 튜브에 도안을 직접 찍는 추세로 돌아섰으나 근래에 이르러 클래식 자전거의 부활과 함께 다시 살아나고 있다. 리벤델 바이시클 워크스의 그랜트 피터슨은 이렇게 말한다. "헤드 배지가 마음에 들어서 자전거를 산다거나, 헤드 배지가 없다고 좋은 자전거를 사지 않는건 어리석은 일이겠죠. 하지만 좋은 건 다 좋은 법이어서 훌륭한 자전거엔 멋진 헤드 배지가 있게 마련입니다."

PROTOTYPING
MATERIAL
E-BIKES

PER-
FOR-
MERS

고성능 자전거
프로토타입, 신소재,
전기 자전거

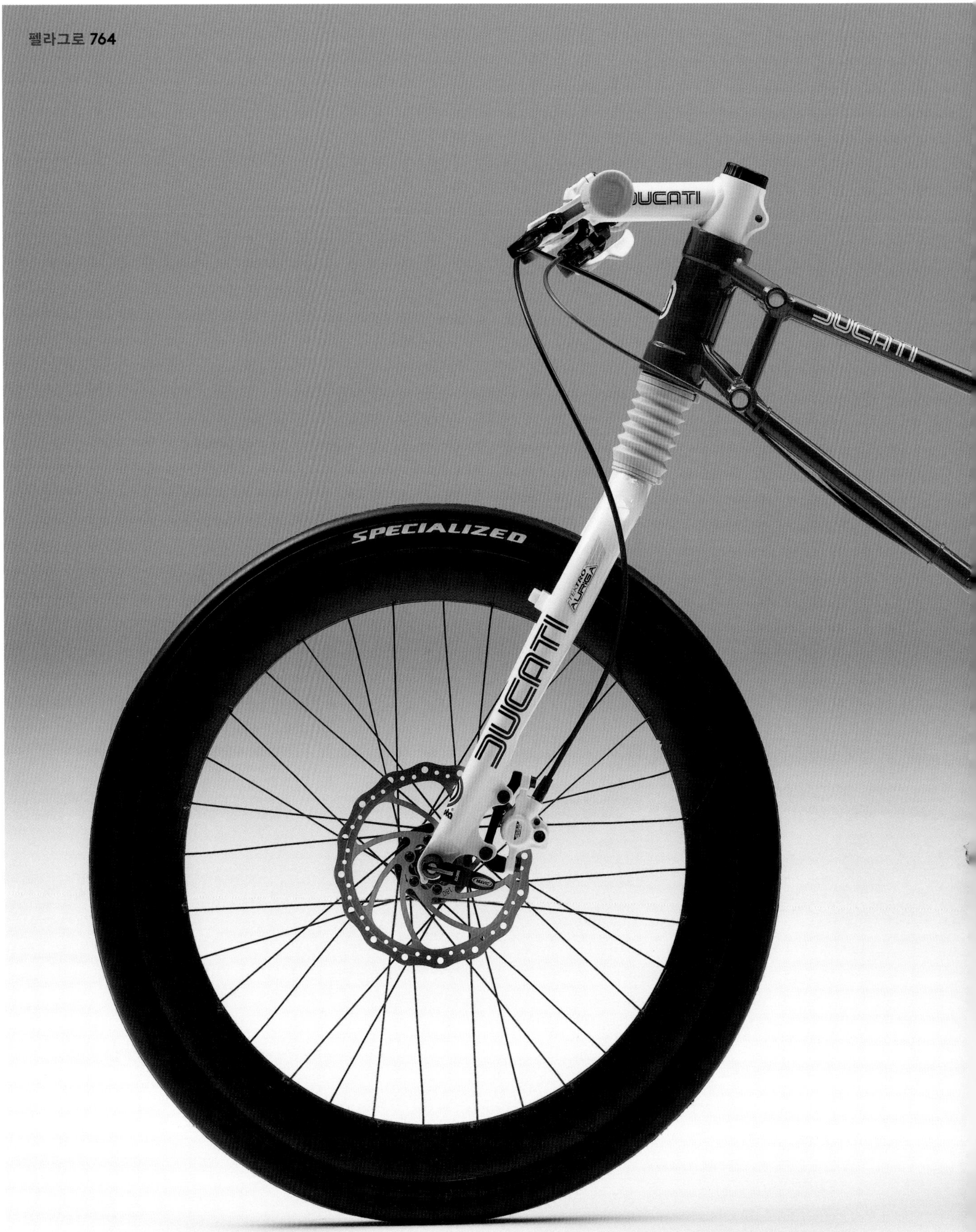
DUCATI
DUCATI
SPECIALIZED
TEKTRO
AURIGA
DUCATI
MAVIC

펠라그로 바양트

페터 라이바허(Peter Laibacher)는 와인과 자동차 산업으로 유명한 지역인 독일 남부의 그로스보트바어(Großbottwar)에서 2008년부터 산악 및 통근 자전거를 만들고 있다. '펠라그로'(Pelagro)는 그의 이름과 그로스보트바어의 앞 글자를 조합해 만든 명칭이다. 펠라그로의 시그너처 프레임은 1980년대에 모터사이클 브랜드 두카티(Ducati)의 트레이드마크가 된 트렐리스(격자형) 프레임에서 영감을 얻었다. 또 다른 프로젝트인 바양트(Vaillante)는 "굴러간다기보다 미끄러져 나아가"는데, 지극히 공기역학적인 이 자전거는 모터스포츠계의 이야기를 그린 프랑스 징 그라통(Jean Graton)의 컬트 만화 ‹미셸 바양›(Michel Vaillant)에 나오는 가상의 자동차 회사에서 이름과 로고를 따왔다.

야마다 유지
야마다 유지(Yuji Yamada)는 일본에 거주하며
활동하는 화가 겸 일러스트레이터다. 아크릴 물
감과 파스델로 그린 유지의 그림은 자전거부디
봅슬레이까지 스포츠에 관한 세밀한 묘사에 초
점을 맞춘다. 그의 작품은 도쿄, 퀼른, 뉴욕 등지
에서 전시되었다.

1. eDL132
2. 오닉스(Onyx)

1

2

푸조 디자인 연구소

푸조의 역사는 200여 년 전으로 거슬러 올라간다. 가업에서 출발해 현재에 이른 푸조는 1810년에 설립되었고, 1882년 아르망 푸조(Armand Peugeot)가 첫 자전거를 출시했다. 그러다 1926년 자동차 회사와 자전거 회사가 따로 분리됐지만 지금은 푸조 디자인 연구소(Peugeot Design Lab)를 통해 다시 통합되고 있다. 파리, 상하이, 상파울루에 연구소를 둔 이 "글로벌 브랜드 디자인 스튜디오"는 푸조가 보유한 디자인 기술력을 발휘해 자동차 이외의 다양한 제품을 개발하며, 자사 브랜드뿐 아니라 외부 클라이언트를 위한 작업도 한다. 가령 2012년 한 해 동안 연구소는 파워보트, 시계, 제트기, 콘셉트 자전거 2대와 콘셉트 전기 자전거 3대를 포함한 여러 자전거 등의 프로젝트를 선보였다.

Artefakt
Speedmax CF Evo
Time Trial Bicycle

아르테파크트
타임트라이얼 자전거
'스피드맥스 CF 이보'

날아갈 것 같은 직선형 실루엣의 타임트라이얼 자전거 스피드맥스 CF 이보(Speedmax CF Evo)는
너무나 아름다운 사물이기도 하지만 중요한 건 그게 아니다. 다름슈타트에 위치한 디자인 에이전시 아르테파크트(ARTEFAKT)는
온라인으로만 운영하는 독일 브랜드 캐니언(Canyon)을 위해 이 초고속 자전거를 만들었고, 지로 디탈리아에서
이것을 타고 달린 러시아 팀 카튜사(Katusha)는 예상을 깨고 2위를 차지했다. 욕실부터 패키지, 소형 기기, 건축에 이르기까지
온갖 것을 디자인하는 아르테파크트는 구성원들 본인이 열렬한 자전거 애호가이기도 하다.

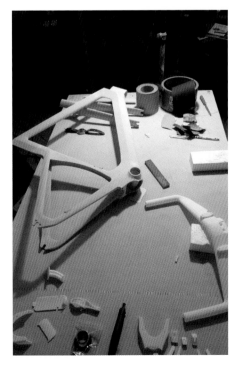
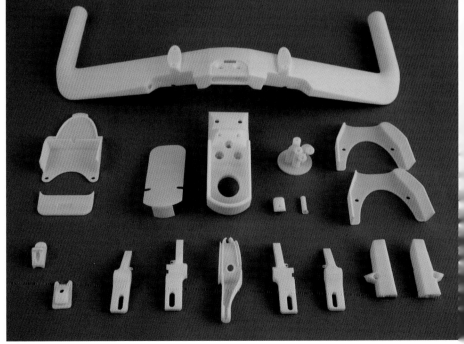

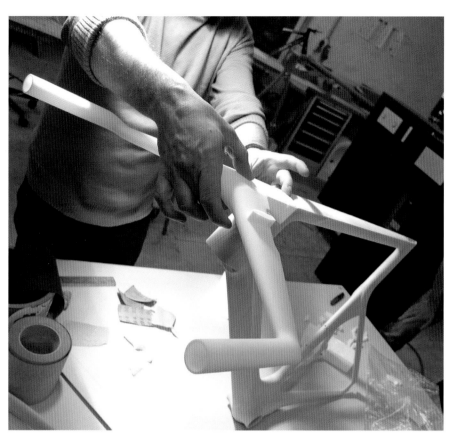
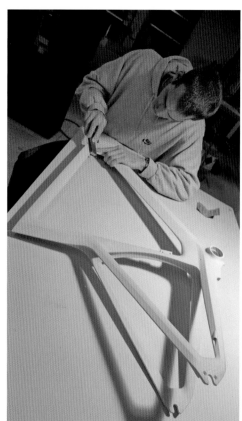
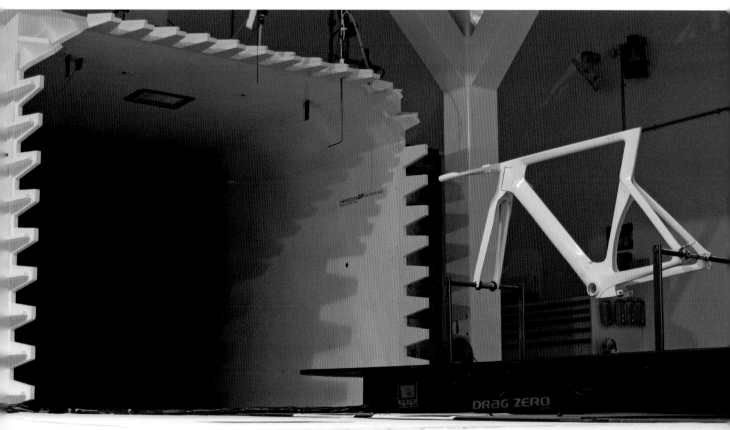

디자인이 극도로 간소화되어 있으면서도 안정성이 뛰어나고, 라이더의 몸에 맞출 수 있는 여지가 전례 없이 많으며, 첨단 소재와 기술을 적용해 만든 스피드맥스 CF는 천분의 일 초를 다투는 경기에서 기록을 단축시켜준다. 그러니 2012년 레드닷 디자인 어워드 대상, IF 유로바이크 어워드, 2013년 독일 디자인상 등을 휩쓴 것도 전혀 놀랄 일이 아니다. 레드닷 심사위원단은 이 자전거에 대해 "공기역학을 시각적으로 완벽하게 구현해낸" 디자인이라고 평했다.

아르테파크트는 그러한 완벽에 도달하기 위해 공기역학 엔지니어들과 저명한 타임트라이얼 선수 미하엘 리히(Michael Rich), 그리고 항공 전문가 사이먼 스마트(Simon Smart)의 도움을 받는 한편 전산유체역학, CT 스캐너, 메르세데스 풍동(wind tunnel) 등 최고의 기술과 장비를 동원하고 3D 프린터로 1:1 크기의 부품 모형을 제작했다. 그런 다음 이 모형을 이용해 핸들바, 포크, 브레이크 같은 부품들을 하나씩 세심하게 만들고 하나의 시스템으로 통합했다. 결과적으로 항력을 크게 감소시킬 수 있었고, 그 시스템에서 삐져나오는 건 단 12cm의 브레이크와 기어 케이블밖에 없는 자전거가 탄생했다. 고급 탄소섬유로 제작한 뒷바퀴는 정지해

있어도 빨라 보이며 실제로도 자전거를 깃털처럼 가볍게 만든다. 이와 같은 모든 세부 요소들이 라이더의 힘을 절약하는 데 보탬이 된다.

아르테파크트는 전산유체역학을 이용해 프레임의 각도를 정하고, 비행기 날개에 착안해 물방울 모양의 튜브 단면과 튜브를 디자인했다. 다시 말해서 포크, 다운튜브, 시트튜브, 시트포스트, 시트스테이를 잘 살펴보면 바람에 맞서는 앞면은 둥그스름하고 뒤로 갈수록 뾰족해진다. 트라이던트(Trident)라 이름 붙인 이 유선형 튜브 디자인은 바람의 저항을 10% 이상 줄여주고 옆바람에 대한 취약성을 10%대로 낮추는 반면 강성은 20% 증가시킨다.

요컨대 스피드맥스 CF의 지오메트리는 뛰어난 유연성과 강성을 동시에 발휘하도록 설계되었다. 출발이 불안정한 라이더나 타임트라이얼에 출전한 선수가 이 자전거를 타면 빠른 시간 내에 전력 질주 자세를 잡기가 용이하다. 또한 핸들바와 스템 및 기타 부품의 폭과 높낮이 등을 조절해 설정할 수 있는 형태가 무려 7560가지에 달하는데, 이는 이 자전거의 유로 가격에 맞먹는 숫자다. 스피드맥스 CF의 개발은 캐니언의 25년여 역사에서 가장 복잡한 과정이었으며 그 노력은 조금도 헛되지 않았다. 블로거들은 이 자전거를 두고 '상상을 초월한다'는 표현을 쓰곤 한다.

펜실베이니아대학교 기계공학과 학생들이 졸업 프로젝트로 만든 알파(ALPHA)는 "통합 시스템의 한계에 도전하는" 자전거다. 에번 드보락(Evan Dvorak), 루커스 하트먼(Lucas Hartman), 제프 존슨(Geoff Johnson), 케이티 로하치(Katie Rohacz), 케이티 새바리즈(Katie Savarise)로 구성된 팀이 1년간 조너선 피니(Jonathan Fiene) 교수의 지도를 받으며 개발한 이 자전거는 내장형 벨트 구동계가 주요한 특징을 이룬다. 또한 고정 기어와 프리휠 간 전환이 가능한 전자 제어 클러치가 장착돼 있고, 핸들 중앙에는 LCD 디스플레이가 있어 라이딩 데이터를 SD 카드에 기록하고 보여준다. 포크, 시트포스트, 안장, 림, 타이어를 제외한 모든 부분을 자체 제작했다. 알파는 미니멀한 외관 속에 첨단 기술이 구석구석 침투해 있는 자전거의 빛나는 사례다.

브라뇨 메레시 X-9 나이트호크

산업 디자이너이자 기계 엔지니어로 일하고 있는 브라뇨 메레시(Braňo Mereš)는 슬로바키아 브라티슬라바에 자전거 공방 BME 디자인(BME Design)을 설립하고 남는 시간을 활용해 대나무 및 카본 프레임과 액세서리를 만든다. X-9 나이트호크(X-9 Nighthawk)는 최근의 실험 프로젝트 가운데 하나다. 허니콤 샌드위치 패널을 수압 절단기로 잘라 붙인 다음 탄소섬유를 입히는 방식으로 프로토타입 프레임을 수제작하고, 전시를 위해 기존의 BME S72 안장 프로토타입과 이 프레임에 맞게 별도로 디자인한 핸들 및 카본 포크를 장착했다.

UBC 코렌

독일의 UBC는 항공기와 경주용 및 최고급 자동차에 사용되는 탄소섬유 부품을 제조하는 회사로 업계에선 이미 명성이 높다. 그런데 이제는 미래적 도시형 자전거 코렌(Coren) 시리즈를 전 세계에 선보이면서 더 널리 주목받게 되었다. 크리스티안 찬초티(Christian Zanzotti)가 F1 레이싱 카와 동일한 수준의 공학과 정밀싱, 징인 징신을 바탕으로 탄생시킨 이 수제 자전거는 탄소섬유와 자전거 디자인의 만남이 얼마나 무한한 가능성을 갖고 있는지를 보여준다. 싱글 기어, 페달 보조 방식, 고정 기어의 세 가지 버전이 있으며 가격은 25000유로로부터다.

1. 바이오메가 LDN

코펜하겐의 바이오메가(Biomega)는 1988년 옌스 마르틴 스킵스테드(Jens Martin Skibsted)와 엘리아스 그로우에 닐센(Elias Grove Nielsen)이 "자전거에 대한 생각의 패러다임을 바꾸기" 위해 설립한 회사다. '새로운 명품'의 개척자임을 자처하는 이 브랜드는 자전거를 도시 통근자를 위한 기능적 디자인의 대상으로 보고 접근한다. 즉, 그들에게 자전거는 자동차와 직접적으로 경쟁하는 이동 수단이다. 바이오메가는 마크 뉴슨(Marc Newson), 로스 러브그로브(Ross Lovegrove), 카림 라시드(Karim Rachid) 등 세계 유수의 아티스트 및 산업 디자이너들과 컬래버레이션을 진행하기도 하지만, 기본적으로 스칸디나비아 디자인의 유기적 미니멀리즘 전통에 기반을 둔 미학을 추구한다. 또한 메타 기술의 관점을 수용하여 이제는 디자인이 기술에 끌려가는 것이 아니라 "기술이 디자인을 위한 수단이 되고 있고, 따라서 주어진 상황에서 어떤 기술을 적용할 것인가에 관한 패러다임은 얼마든지 깨질 수 있다"라는 입장을 취한다.

2. 몬드라케르
포디움 카본 프로 SL 트웬티나이너

알리칸테의 몬드라케르(Mondraker)는 스페인에 프리라이드 MTB 신이 생겨나고 있던 2001년 일곱 대의 자전거를 선보이면서 출발했다. 이후 성능과 혁신을 강조하며 고급 자전거 제조 분야의 선두 업체로 부상했는데, 특히 다운힐 선수 세사르 로호(Cesar Rojo)가 개발 팀에 합류한 것이 중대한 계기가 되었다. 2013년에 출시된 크로스컨트리 자전거 포디움 카본 프로 SL 트웬티나이너(Podium Carbon Pro SL 29er)는 미니멀한 디자인이 돋보이는 제품으로서 스템이 프레임에 통합돼 있어 핸들부의 견고성과 조향의 정확성이 뛰어나다.

아이투핸드 컨토셔니스트

연체 곡예사라는 뜻의 컨토셔니스트(Contortionist)는 26인치 바퀴 사이에 완전히 접어 넣을 수 있는 자전거다. 또한 접은 상태에서도 바퀴가 돌아가므로 들지 않고 끌어서 이동이 가능하다. 도미닉 하그리브스(Dominic Hargreaves)가 고안한 이 자전거는 일반적인 체인 대신 내장형 유압 장치로 구동하기 때문에 간편할 뿐 아니라 깔끔하기도 하다. 즉, 프레임 튜브 속의 기름이 움직이면서 뒷바퀴가 작동한다. 2009년 제임스 다이슨 어워드 학생 프로젝트 수상작으로 선정된 이 작품에 대해 다이슨은 "자전거가 그렇게 손쉽게 변형이 기능하다는 점에 경탄을 금할 수 없다"고 평했다. 아직 프로토타입만 발표된 상태이나, 이후 하그리브스는 런던에 아이투핸드(Eyetohand)라는 디자인 스튜디오를 설립하고 제품화를 추진 중이다. "제조사는 밝힐 수 없지만 디자인의 혁신적 요소들이 제품화를 위한 추가 개발 단계에 있다"고 한다.

파베 퀼튀르 시클리스트

바르셀로나의 고급 자전거 숍 파베 퀼튀르 시클리스트(Pavé Culture Cycliste)에는 자전거들이 마치 예술 작품처럼 전시돼 있다. 열렬한 자전거 애호가 하비에르 마야(Javier Maya)가 2011년에 연 이곳은 로드바이크와 자전거 의류 전문점으로 700m²에 달하는 공간을 널찍널찍하게 사용한다. 매장 한쪽에는 조그만 서비스 센터, 책을 읽고 커피를 마시고 TV 경기 중계를 볼 수 있는 공간, 그리고 운동 후 땀을 씻을 수 있는 샤워실이 마련되어 있다. 차가운 콘크리트 바닥의 중간중간에 배치된 돌바닥은 파리루베나 플랑드르 투어 같은 북서 유럽 클래식 대회의 돌길 코스를 연상시킨다.

1. 톱 제네시스(Top Genesis)
2. XXTi

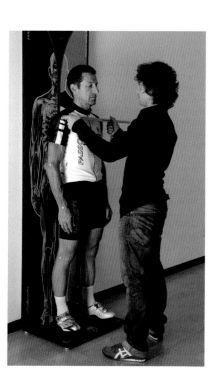

2

파소니

1980년대 초 루차노 파소니(Luciano Passoni)가 설립한 파소니(Passoni)는 지극히 이탈리아 적인 명품 로드바이크를 주문 제작한다. 밀라노 근처에 위치한 이 부티크는 홀리스틱 바이크 피팅 (Holistic Bike Fitting)이라는 접근 방식을 통해 각 고객에게 가장 적합한 프레임 디자인을 결정 하여 티타늄, 카본, 스테인리스스틸로 아주 특별한 자전거를 만든다. 지금은 실비아 파소니(Silvia Passoni)와 마테오 카시나(Matteo Cassina)가 가업을 이으며 이탈리아 자전거의 위대한 유산을 전수하고 있다. 카시나의 말에 따르면 파소니가 미니멀리즘과 섬세함, 정교한 디테일에 초점을 맞 추는 이미지를 쌓은 것은 남성이 지배하는 업계에서 드물게 여성으로 활동해온 실비아 파소니의 공 이 크다고 한다.

케이든스/디클라인 **엘리트 사이클링 키트(Elite Cycling Kit)**

자전거 메신저 출신의 더스틴 클라인(Dustin Klein)이 2003년 샌프란시스코에 설립한 케이든스 (Cadence)는 "기능성과 콘셉트와 라이딩의 경계"를 탐험하는 라이프스타일 자전거 의류 및 액세 서리 전문점이다. 클라인은 중간에 3년간 문을 닫고 시애틀에 머물면서 한 달에 한 번씩 패스트 프 라이데이(Fast Friday)를 개최했는데, 이 행사는 시애틀의 픽시 라이더 커뮤니티를 결집시키고 키 우는 데 기여했다. 재봉부터 배송까지 혼자 모든 것을 처리하는 1인 운영 체제로 출발한 케이든스는 그처럼 서부 해안의 자전거 신에서 컬트적 지위를 얻게 된 클라인의 명성 덕을 보고 있는지도 모른 다. 하지만 국제적으로도 성장해왔다는 것은 그가 선견지명을 가지고서 견고한 브랜드 콘셉트를 성 공적으로 확립시켰다는 증거다.

리테 바이시클스

스펜서 캐넌(Spencer Canon)이 리테 바이시클스(Ritte Bicycles)를 설립한 과정은 흥미롭다. 처음에 그는 직접 입고 또 친구들에게 줄 자전거 의류를 만들기로 했다. 그런데 이름이 없으니 어딘가 허전하다는 느낌이 들었고, 그래서 1919년 플랑드르 투어의 우승자 이야기에서 영감을 얻어 리테로 지었다. 제1차 세계대전이 끝난 직후 전선에서 곧장 대회장으로 간 헨리 '리테' 판레르베르허(Henri "Ritte" Van Lerberghe)는 자전거를 빌려서 경기에 참가했다. 다른 선수들을 모두 따돌리고 저 멀리 앞서 나가던 리테는 경기 도중에 술집에 들렀다. 그러고 그대로 눌러앉을 뻔했

지만, 사람들의 만류로 다시 자전거에 올라 술에 취해 비틀거리며 결승선을 통과했다. 캐넌은 이 재밌는 일화에 자전거의 정신이 담겨 있다고 생각했다. 리테라는 이름을 내건 의류와 용품이 점점 인기를 얻자 그는 본격적으로 회사를 차려 자전거를 제작하기 시작했다. 첫 출시작은 가격 경쟁력이 있는 카본 자전거였는데, 타이완 제조사에서 만든 고급 프레임을 들여와 캘리포니아 주 샌타모니카에 위치한 스튜디오에서 조립하고 브랜드명을 새기는 방식으로 생산했다. 이후 리테 자전거는 커다란 성공을 거두었고, 지금은 자체 제작한 프레임의 커스텀 바이크도 판매한다.

1. 크로스버그(Crossberg)
2. 1919 타임트라이얼(1919 TT)

치넬리 레이저 비바

치넬리(Cinelli)는 1980년대에 선보인 전설의 트랙 자전거 '레이저'를 수년에 걸쳐 다양한 버전으로 재출시했다. 그리고 2013년, 이 공기역학적인 자전거는 카본 버전 레이저 비바(Laser Viva)로 부활했다. 오리지널의 지오메트리와 매끄러운 선, '물갈퀴형' 접합부, 보텀 브래킷 아래가 지느러미처럼 튀어나온 아이콘적 디자인, 케이블을 프레임 속으로 집어넣은 인터널 라우팅 방식, 대표 색상인 메탈릭 블루 마감 등은 모두 그대로 유지되었다.

키르시네르 브라질 산타카타리나

브라질의 산타카타리나는 여전히 서핑으로 더 유명한 지역이긴 하지만, 키르시네르 덕택에 자전거 라이딩의 명소로도 알려지게 되었다. 브라질이 새로운 자전거 의류 브랜드 키르시네르 브라질(Kirschner Brasil)은 산타카타리나를 찬미하는 동명의 고급 저지 라인을 출시했으며, 향후 의류 라인의 확장과 더불어 영감을 주는 콘텐츠와 행사를 꾸준히 기획할 계획을 갖고 있다. 영국의 크리에이티브 컨설팅 회사 식스(Six)가 개발한 로고는 브라질 국기를 연상시키는 동시에, 브라실의 지형을 관통하는 탁 트인 도로를 따라 자전거를 타고 달리는 상상을 불러일으킨다. 모던한 스타일에 빈티지한 느낌을 가미한 이 독특한 브랜드 디자인에는 그처럼 유서 깊은 스포츠의 고장이 잘 응축돼 있다.

버나드.
사이클링 키트/시리즈 No. 319(Cycling Kit/Series no. 319)
브랜던 신콕(Brandon Sincock)은 자전거와 디자인에 대한 열정으로 버나드.(bernard.)란 브랜드를 설립하고 자전거 의류와 용품을 디자인한다. 사이클로크로스 선수로 활약 중인 그는 대회가 없을 땐 시애틀과 로스앤젤레스를 오가며 프리랜서 아트 디렉터, 사진가, 인터랙티브 및 모션 그래픽 전문 디자이너로 일하고 있다.

Chris King
Cielo

크리스 킹
시엘로

2003년 자전거의 메카 포틀랜드로 이전한 크리스 킹(Chris King)은 자전거 부품 제조 분야의 베테랑 업체다. 1976년부터 생산된 크리스 킹 헤드세트, 허브, 보텀 브래킷은 그 정밀성과 내구성 및 우수한 품질로 명성이 높다. 그러나 설립자 크리스 킹이 프레임 빌더로서도 열정적이고 성공적으로 활동했다는 사실은 최근까지 잘 알려져 있지 않았다. 그는 1970년대 말에서 1980년대 초에 선수와 아마추어를 위한 도로 경주용 및 여행용 자전거 프레임을 만들었지만, 사업 관계로 시간이 여의치 않아 중단했다.

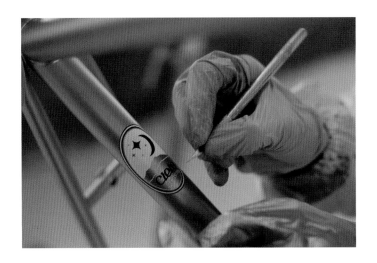

그로부터 28년 후, 그의 고향 캘리포니아 주 샌타바버라 위쪽의 산을 따라 난 좁고 아슬아슬한 '하늘길' 카미노 시엘로에서 이름을 따온 시엘로 사이클스(Cielo Cycles)가 부활했다. 시엘로는 특별히 디자인된 크리스 킹 부품을 사용해 다양한 규격의 수제 스틸 프레임 세트를 한정판으로 제작한다.

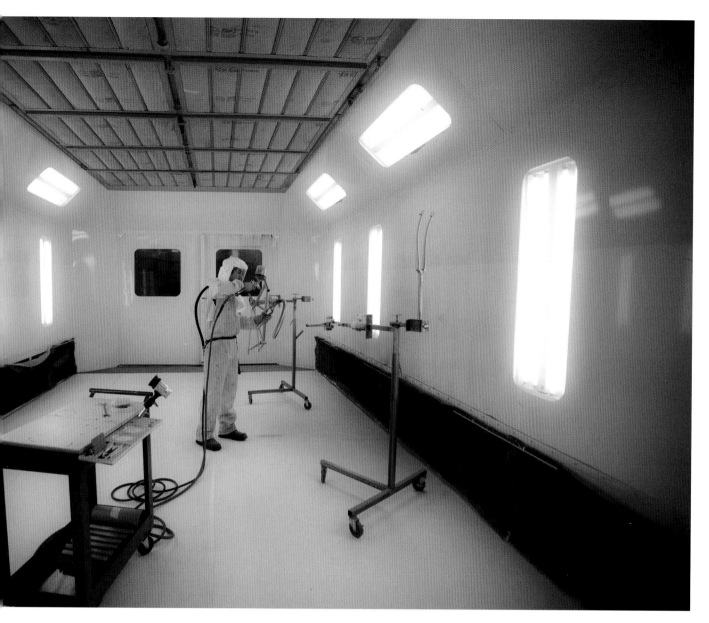

Andy Martin Studio
Thonet Bentwood Concept Bike

앤디 마틴 스튜디오
토네트 벤트우드 콘셉트 자전거

시드니 북부 해안에서 자란 산업 디자이너이자 건축가 앤디 마틴(Andy Martin)은 18살 때 서프보드 제작 기법을 이용해 처음으로 의자를 만들었다. 2000년 런던에 스튜디오를 세우고 장인, 가구 및 제품 디자이너, 그리고 '미래파' 아티스트들과 함께 작업해온 그는 2012년에 전설적인 의자 회사 토네트(Thonet)로부터 한정판 로드바이크 디자인을 의뢰받았다. 미하엘 토네트(Michael Thonet)가 1830년대에 개발한 로테크적인 가구 제작 방식을 21세기의 첨단 공학 자전거에 적용해 달라는 것이 의뢰의 요지였다.

나무 자전거는 최근 몇 사이에 부쩍 주목받고 있다. 우아함이나 정교함의 정도는 저마다 다르지만 그간 수많은 나무 자전거가 선을 보였다. 로스 러브그로브(Ross Lovegrove)의 대나무 자전거, 아른트 멘케(Arndt Menke)의 충격 흡수 자전거 홀츠베크(Holzweg), 레드닷 어워드 수상작 발트마이스터(Waldmeister), 래거모프(Lagomorph)의 호두나무 자전거, 마이클 커비지(Michael Cubbage)의 플랫 프레임 자전거, 사용자가 직접 조립하는 방식의 그린사이클-에코(Greencycle-Eco), 오크 원목으로 만든 오크스(OKES), 러시아 자일론 바이크스(Xylon Bikes)의 목재 자전거, 림까지 나무로 제작하고 비슷한 색상의 타이어를 끼운 얀 휘네베흐(Jan Gunneweg)의 자전거 등등. 그중 앤디 마틴의 빼어난 디자인은 자전거 '커뮤니티'에 속하지 않은 사람들도 점점 더 자전거 디자인에 관심과 열정을 보이고 있음을 잘 보여주는 사례다. 즉, 이제는 '타고난' 자전거 애호가이거나 자전거 문화에 특별히 심취한 사람이 아니라도 자전거를 만드는 데 뛰어들고 있다. 마틴의 자전거는 그 자체로도 아름답지만, 믿을 수 없는 우아함과 더불어 믿음이 가는 견고함이라는 토네트 특유의 미덕을 그대로 담고 있다는 점이 감탄을 자아낸다.

나무는 같은 무게의 케블라, 유리섬유, 철보다 더 단단하면서도 구조적 효율성이 대단히 뛰어난 재료다. 마틴은 이와 같은 소재의 특성을 최대한 활용해 너도밤나무를 손으로 휘어서 프레임을 제작했다(두 번째 모델은 히커리 나무로 만들었다). 그러나 수작업은 한계가 있어서 최종 접합과 전체 윤곽 재단 및 조절은 컴퓨터수치제어(CNC) 기계의 도움을 빌렸다. 아울러 접합부와 압력을 많이 받는 지점을 강화하기 위해 연결 부품과 스프링 장치를 고안했다. 프레임 위에 놓인 안장은 약해 보이지만 아주 튼튼한 너도밤나무에 스프링을 받쳤으며, 바퀴는 직접 디자인하지 않고 헤드(HED) H3 카본 휠을 장착했다.

그렇게 탄생한 토네트 벤트우드 콘셉트 바이크(Thonet Bentwood Concept Bike)는 브레이크가 없는 고정 기어 자전거이나 기어비는 변경 가능하다. 픽시라는 애칭으로 불리며 점점 더 사랑받고 있는 고정 기어 자전거는 라이더가 자전거와, 또 바퀴 아래의 길과 하나가 된 듯한 일체감을 느낄 수 있다는 점이 매력으로 꼽힌다. 거기에 튼튼하고 가벼우며 고장이 잘 나지 않는다는 장점까지 겸비한 이 픽시는, 토네트가 170여 년 전 증기로 나무를 구부리는 기술을 개발한 이래 만들어온 모든 의자를 통틀어 가장 세련되고 시대를 앞서 가는 의자일 것이다.

칼피 디자인 **대나무 탠덤**

캘리포니아 주의 프레임 빌더 크레이그 칼피(Craig Calfee)는 1990년대에 탄소섬유 프레임의 선구자가 되었고, 이제는 대나무 프레임의 선구자로 등극했다. 칼피의 커스텀 대나무 자전거 및 프레임은 장인의 솜씨와 첨단 공학, 저탄소 제조 기술의 결합으로 만들어진다. 친환경 소재로 각광받고 있는 대나무는 가볍고 내구성이 뛰어나며 놀랄 만큼 튼튼하다. 그의 말에 따르면 칼피 디자인(Calfee Design)의 대나무 프레임은 강성과 편안함이 이상적인 조화를 이루고 있어 동력 전달이 효율적이면서도 알루미늄, 스틸, 티타늄, 그리고 대부분의 카본 프레임보다 더 부드러운 주행 성능을 보인다고 한다. 대나무 튜브는 쪼개짐을 막기 위해 훈증과 열처리를 거친 후 마섬유 소재의 러그로 접합하며, 새틴 폴리우레탄으로 프레임 전체를 마감한다.

얀 휘네베호 레이싱 자전거

켄 스톨프먼 오언

미시건 주에서 보트 제작 일을 하는 뉴질랜드 태생의 켄 스톨프먼(Ken Stolpmann)은 목공에 대한 열정과 노하우를 발휘해 육상 이동 수단을 만들었다. 다양한 목재와 해양용 알루미늄을 세공해 제작한 프레임과 카본 포크를 장착하고, 에폭시 수지로 접합한 경량 고정 기어 자전거 오언(Owen)이 그것이다. 스톨프먼은 이 자전거에 고급 크루저와 경주용 요트로 명성을 날렸던 그의 스승 오언 울리(Owen Woolley)의 이름을 따서 붙였다.

스타니스와프 프워스키 보노보

코펜하겐에 거주하는 폴란드 출신의 디자이너 스타니스와프 프워스키 (Stanisław Płoski)는 알바르 알토(Alvar Aalto)의 아이콘적 목재 암체어에서 영감을 얻어 보노보(Bonobo)를 만들었다. 깔끔한 선과 경쾌한 색 대비가 강렬한 심미적 인상을 주는 이 자전거는 싱글 기어 구동렬과 유압 디스크 브레이크 같은 기능적 부품들을 갖추고 있으며 고장이 잘 나지 않는다. 나무 고유의 속성을 이용해 충격을 잘 흡수하도록 설계되어 부드럽게 달릴 수 있는 데다가 외관도 스타일리시해서 도시 라이더에게 더없이 적합하다.

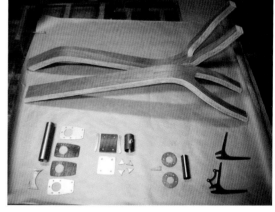

1. 휴먼 바이크(Human Bike)
2. 바우 바이크(Bough Bike)
3. 하이브리드 자전거

얀 휘네베흐

네덜란드 디자이너 얀 휘네베흐(Jan Gunne-weg)는 나무에 대해 남다른 열정을 갖고 있다. 2004년에 그는 첫 번째 목재 하이브리드 자전 거를 선보인 데 이어 레이싱 자전거를 제작해 몇 몇 국내 경기에 출전하기도 했다. 현재 알크마르 의 공방에서 다양한 원목으로 자전거를 맞춤 제 작하고 있으며, 가격을 낮추고 좀 더 대량으로 생 산하는 방식의 나무 자전거 라인을 계획 중이다.

3

트리스탕 코프 프로듀저

트리스탕 코프(Tristan Kopp)가 자전거를 바라보는 폭넓은 관점은 사용자 스스로가 나만의 자전거를 제작할 수 있도록 도와주는 연결 부품 세트인 프로듀저(prodUser)에로 확장된다. 자전거를 완성하는 데 필요한 추가적 재료와 방법을 설명한 매뉴얼이 기본 부품과 함께 동봉된다. 사용자들은 온라인 프로듀저 플랫폼을 통해 각자가 만든 DIY 자전거를 서로 비교해볼 수 있다.

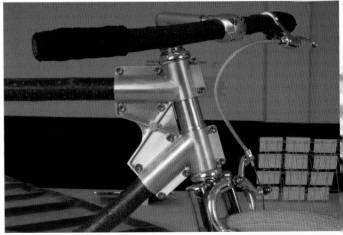

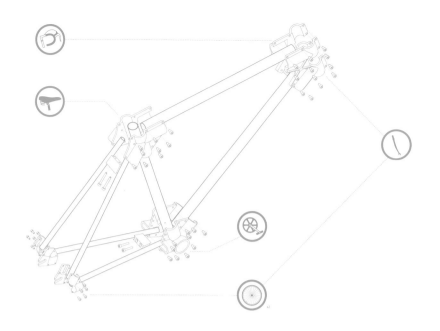

Hadi Teherani
Electronic Bike

하디 테헤라니
일렉트로닉 바이크

독일 건축가 하디 테헤라니(Hadi Teherani)의 일렉트로닉 바이크(Electronic Bike)는 200대 한정 생산된 제품으로
전동 모터를 켜고 끌 수 있는 스위치가 달려 있다. 핸들바에 손쉽게 탈착 가능한 검은색 케이스에 충전식
리튬 이온 전지가 들어 있고, 아이폰 크래들이 통합돼 있어 속도계와 내비게이션이 따로 필요하지 않다. 전동 모드로
전환 가능한 전륜 허브 모터와 배터리 케이스의 연결선은 교묘히 감추어져 있다. 휴대폰처럼 집이나 사무실로
가져가서 충전하면 되는 배터리는 완전히 충전할 경우 40km까지 달릴 수 있는데, 크기에 비하면 결코 짧은 거리가 아니다.
요컨대 테헤라니는 기술을 보이지 않게 가리고 깔끔한 외관을 만드는 데 초점을 맞추었다.

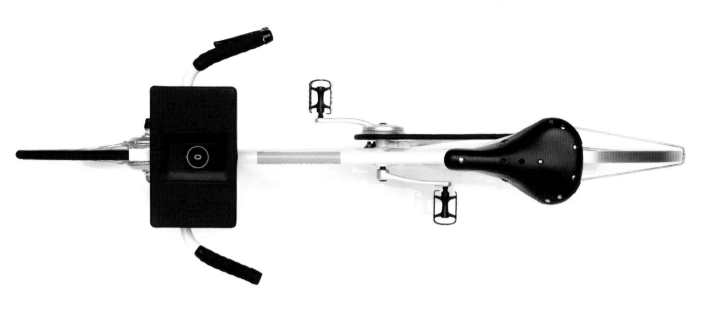

일반적으로 전기 자전거는 그리 아름답지 않다. 암망아지보다는 역마에 가깝기 때문이다. 보통 시속 24 내지 32km를 달릴 수 있고 전동 모드에서는 오르막 7km, 평지 70km 정도의 속도가 나온다. 전기 자전거가 처음 구상된 것은 100년이 넘었다. 1895년 12월, 오그던 볼턴 주니어(Ogden Bolton Jr.)는 배터리 구동 자전거로 특허를 받았다. 뒷바퀴 허브에 DC 모터를 장착한 그 자전거는 10볼트 전지로 최대 100암페어의 전류를 발생시켰다. 그로부터 2년 후 보스턴의 호지어 W. 리비(Hosea W. Libbey)가 크랭크축 중심에 장착된 '이중 전동 모터'로 구동하는 자전거를 발명해 특허를 출원했다.

120년이 지난 지금, 전기 자전거 이용자는 전 세계적으로 급증하는 추세다. 2010년 무렵 중국에는 전기 자전거가 약 1억 2천만 대에 달했고 인도, 미국, 네덜란드, 스위스 등지에서도 판매량이 부쩍 늘고 있다. 유럽 전체에서의 판매량은 2007년부터 3년간 3배 이상 증가했다. 이런 변화는 반가운 소식이다. 왜냐하면 전동 모터와 인력 구동을 결합한 전기 자전거는 에너지 효율이 SUV보다 18배, 전철보다 6배 높은 것으로 평가되며 지구에 미치는 영향이 일반 자전거와 거의 다를 바 없는 친환경적 교통수단이기 때문이다.

그런데 왜 대부분의 전기 자전거는 일반 자전거보다 예쁘지가 않을까? 테헤라니의 자전거는 그러한 편견을 깬다. 그도 그럴 것이 웹사이트에 있는 사진을 보면 이 디자이너는 흰색 셔츠에 말쑥한 정장 차림을 하고 있어서, 프레임 빌더 하면 대개들 떠올리는 이미지와는 다른 느낌을 준다. 그는 테헤란에서 태어나 함부르크에서 학교를 다녔으며 쾰른에서 패션 디자이너로 일하다가 건축으로 진로를 바꿨다. 지금은 모스크바와 두바이, 함부르크에 사무실을 두고 있다. 이 자전거에 대해 테헤라니는 단지 기술적으로 정교한 기계가 아니라 "클래식하고, 기능적이고, 유행을 타지 않고, 지속 가능하고, 독특한" 무언가를 만들고 싶었다고 말한다. 깔끔한 흰색 러그를 사용한 크로몰리 스틸 프레임, 브룩스 가죽 안장, 하나는 녹색이고 하나는 흰색인 림을 장착한 그의 일렉트로닉 바이크는 스포티하면서도 미니멀한 감각이 돋보인다. 그래서 일반적인 전기 자전거와 달리 거추장스러움이 없고, 실제로도 가볍지만 시각적으로나 기술적으로나 한결 가벼워 보인다.

패러데이 바이시클스 포터

언덕이 많은 샌프란시스코의 라이더들에겐 두 가지 선택지가 있다. 땀에 흠뻑 젖어 기진맥진하거나, 아니면 클래식한 디자인의 패러데이 포터(Porteur)를 타고 우아하게 달리거나. 패러데이 바이시클스(Faraday Bicycles)의 설립자 애덤 볼머(Adam Vollmer)가 이끄는 팀이 디자인한 이 전기 자전거의 프로토타입은 2012년 오리건 매니페스트 디자인 챌린지에서 '현대 도시인을 위한 궁극의 실용 자전거'로 선정됐고, 이듬해에 진행한 킥스타터 캠페인이 성공을 거두면서 첫 번째 제작에 들어갔다. 흰

색과 연두색의 레트로풍 프레임에 가죽 안장 및 액세서리와 대나무 흙받기를 장착한 이 자전거에는 리튬 이온 전지와 250와트 모터가 내장돼 있어서 부스트 모드를 작동하고 페달을 밟으면 시속 16 내지 24km의 속력이 추가되며, 전지는 45분이면 완전히 충전된다. 주위가 어두우면 LED 라이트가 자동으로 켜지고, 탈착 가능한 짐받이는 14kg까지 실을 수 있다. 자전거 무게는 약 20kg이다.

243

1. 36 볼트: 포어라들러(Vorradler)
2. 36 볼트: 아이나르미거 반디트(Einarmiger Bandit)

일렉트로라이트 36 볼트

자전거에 대한 열정으로 뭉친 독일 일렉트로라이트(Electrolyte)의 마티아스 블뤼멜(Matthias Blümel), 마르틴 마이어(Martin Meier), 제바스티안 베게를레(Sebastian Wegerle)는 36 볼트(36 Volt)라는 흥미롭고 실용적인 전동 보조식 자전거 라인을 선보였다. 고급스러운 알루미늄, 티타늄, 카본 소재의 스포티하고 가벼운 수제 프레임에 250와트의 조그만 허브 모터와 1.3kg의 36볼트 배터리를 장착하고, 변속 장치를 없애 무게를 줄였다. 핸들에 있는 터보 버튼을 누르면 모터가 가동되며 누르지 않은 상태에서는 일반적인 싱글 기어 자전거와 같다. 모터는 최대 시속 25km이고 페달을 밟아야만 작동하는데, 이는 독일의 법적 규제 때문이기도 하지만 "자전거는 스쿠터보다 더 재밌는 탈것"이어야 한다는 그들의 신념 때문이기도 하다.

1. 하제 바이크스 피노(Pino)
2. 일렉트로라이트 36 볼트: 뷔로헹스트(Bürohengst)

PG-바이크스

PG-바이크스(PG-Bikes)의 CEO 마누엘 오스트너(Manuel Ostner)는 오래전부터 호화로운 자전거에 대한 야심이 있었다. 22살 때 그는 레겐스부르크에 핌프 개라지(Pimp Garage)를 공동 설립하고 화려하게 개조한 이륜차를 판매했는데, 컬트적인 인기를 누린 이 숍은 MTV 프로그램의 소재가 되기도 했다. 그러다 재정적 위기가 닥쳐 파산을 맞았지만, 오스트너는 명품 라이프스타일 전기 자전거와 도시형 자전거를 생산하는 PG-바이크스(PG-Bikes)로 재기에 성공했다.

UBC의 크리스티안 찬초티(Christian Zanzotti)와 컬래버레이션을 통해 제작한 블랙트레일(Blacktrail) 1과 2는 각각 6만, 10만 유로에 달하는 가격으로 세상에서 가장 비싼 자전거라 전해진다. 그 밖에 뮌헨 콤퍼지츠(Munich Composites)와 함께 만든 편조 탄소섬유 소재의 혁신적인 자전거를 비롯해 비교적 낮은 가격대의 제품들도 있다. 레이디 가가와 올랜도 블룸이 타서 더욱 유명해진 PG-바이크스는 전 세계 소수의 열렬한 추종자들에게 어필하는 것을 목표로 삼는다.

INDEX

찾아보기

A

아비치(Abici)
www.abici-italia.it
미제리코르디아 참조

에이헌 사이클스(Ahearne Cycles)
www.ahearnecycles.com
Pages 141 (#2), 176 – 177, 190 (#2),
191 (#3 + 4)

알파(ALPHA)
www.thealphabike.com
디자인: 에번 드보락(Evan Dvorak),
루커스 하트먼(Lucas Hartman), 제프 존슨
(Geoff Johnson), 케이티 로하치(Katie
Rohacz), 케이티 새바리즈(Katie Savarise)
사진: 알파
Pages 210 – 211

앤디 마틴 스튜디오
(Andy Martin Studio)
www.andymartinstudio.com
디자인: 앤디 마틴(Andy Martin)
사진: 앤디 마틴 스튜디오
Pages 230 – 231

앙주 벨로 뱅타주(Anjou Vélo Vintage)
www.anjou-velo-vintage.com

사진: 베르트랑 베샤르(Bertrand Béchard),
코랄리 필라르(Coralie Pilard)(page
114 아래) Pages 12, 114 – 115, 264 – 265

아르테파크트(ARTEFAKT)
www.artefakt.de
사진: 캐니언(Canyon)(page 203)
Pages 206 – 209

B

배리 맥기(Barry McGee)
치넬리 참조

버나드.(bernard.)
www.bernardridesagain.com
디자인, 사진: 브랜던 신콕
(Brandon Sincock)
Page 225

베타브랜드(Betabrand)
www.betabrand.com
디자인: 페르 에리크 보리아(Per Erik Borja),
제이슨 밴혼(Jason Van Horn)
사진: 제이슨 밴혼
모델: 맷 티어(Matt Thier)
Pages 60 (#2), 127

비아스카녜 치클리
(Biascagne Cicli)
www.biascagne-cicli.it
사진: 비아스카녜 치클리
Pages 92 – 94

비치클레테 로시뇰리
(Biciclette Rossignoli)
www.rossignoli.it
사진: 마티아 보나토(Matia Bonato)
Pages 124 – 125

바이크 바이 미(Bike By Me)
www.bikebyme.com
디자인: 칼레 가드(Kalle Gadd), 요한
포름그렌(Johan Formgren)
사진: 칼레 가드, 스펜서 고든(Spencer
Gordon)(page 34 아래)
Pages 34 – 35

바이크 픽스테이션
(Bike Fixtation)
www.bikefixtation.com
디자인: 채드 드베이커(Chad DeBaker),
앨릭스 앤더슨(Alex Anderson)
Pages 144 – 145

바이크아이디(BIKEID)
ww.bikeid.se
디자인: 훌트만 파르트 복트 스튜디오
(Studio Hultman Part Vogt)
사진: 칼 달스테르트(Carl Dahlstedt)
(매장), 안데르스 달베리(Anders
Dahlberg)(인물) Pages 30 – 31

바이오메가(Biomega)
www.biomega.com
디자인: 로스 러브그로브(Ross Lovegrove)
Page 214 (#1)

본셰이커 매거진
(Boneshaker Magazine)
www.boneshakermag.com
일러스트레이션: 탈리아 렘퍼트(Taliah
Lempert)(page 160), 로리 롤릿
(Laurie Rollitt)(page 161 오른쪽 아래)
사진(잡지): 리즈 시브룩(Liz Seabrook)
(page 161 왼쪽 위), 필리프 K(Filip K)
(page 161 오른쪽 위), 클라스 셰베리
(Klas Sjöberg)(page 161 왼쪽 아래)
Pages 160 – 161

북먼(Bookman)
www.bookman.se
디자인: 마티스 베른스토네(Mattis
Bernstone), 로빈 다프네스(Robin Dafnäs)
사진: 파비안 외른(Fabian Öhrn) Page 39

박서 바이시클스(Boxer Bicycles)
www.boxerbicycles.com
디자인, 사진: 댄 박서(Dan Boxer)
Page 192

브라뇨 메레시/BME 디자인
(Braňo Mereš/BME Design)
www.bmedesign.eu
Page 212

브링크워스(Brinkworth)
www.brinkworth.co.uk

브루클리니스(Brooklyness)
www.brooklyness.com
디자인: 마누엘 사에스 앤드 파트너스
(Manuel Saez & Partners)
사진: 브루클리니스
Pages 142 – 143

브룩스 잉글랜드
(Brooks England)
www.brooksengland.com
카라 긴더, 신트 크리스토포뤼스 참조

버드니츠 바이시클스
(Budnitz Bicycles)
www.budnitzbicycles.com
디자인: 폴 버드니츠(Paul Budnitz)
사진: 제이미 크립키(Jamie Kripke)
Pages 178 – 179

C

케이든스(Cadence)
www.cadencecollection.com
디자인, 사진: 더스틴 클라인(Dustin Klein)
Page 220

칼피 디자인(Calfee Design)
www.calfeedesign.com
사진: 폴 슈로브(Paul Schraub)
Page 232 (위)

캔디 크랭크스(Candy Cranks)
www.candycranks.com
디자인: 멕 로프츠(Meg Lofts)
사진: 마커스 에노(Marcus Enno)
프레임 제작: 프라이메이트 프레임스
(Primate Frames)
Page 32

자리에의 카페(CharRie's Café)
www.charriescafe.blogspot.com
디자인: 사와다 리에(Rie Sawada)
Page 158

크리스 킹(Chris King)
www.chrisking.com
클라이언트: 시엘로

사진: 딜런 밴윌든(Dylan VanWeelden)
Pages 226 – 229

치클리 베를리네타
(Cicli Berlinetta)
www.cicli-berlinetta.de
사진: 더스틴 노더스(Dustin Nordhus)
Pages 76 – 81

치넬리(Cinelli)
www.cinelli.it
디자인: 마이크 자이언트(Mike
Giant)(page 50 #1), 배리 맥기(Barry
McGee)(우니카니토르 안장 – page 50 #2),
치넬리 R&D(레이저 비바 – page 223)
Pages 50, 222 – 223

크림 사이클스(Creme Cycles)
www.cremecycles.com
디자인: 마치에이 켐파(Maciej Kempa),
시몬 코빌린스키(Szymon Kobyliski)
Page 152, 앞 면지

사이클로-폰(Cyclo-phone)
www.cyclophone.carbonmade.com
디자인: 마르셀로 에르토르테기(Marcelo
Ertorteguy), 사라 발렌테(Sara Valente)
사진: 페파 마르티네스(Pepa Martinez)
Page 165

쉬켈파브리켄(Cykelfabrikken)
www.cykelfabrikken.dk
디자인: 크리스티안 쉴베스트
(Christian Sylvest)(자전거), 토비아스
하르보(Tobias Harboe)(가방)
사진: 원 헌드레드
Page 149 (#2)

D

다리오 페고레티(Dario Pegoretti)
www.pegorettiusa.com
디자인: 다리오 페고레티
Page 70 (#1)

디클라인(Dklein)
www.dustinklein.com
케이든스 참조

도스노벤타(Dosnoventa)
www.dosnoventabikes.com
사진: 후안마 포소(Juanma Pozo)
Pages 20 – 23

일렉트로라이트(Electrolyte)
www.electrolyte.cc
디자인: 앤드루 윌리엄 아얄라(Andrew
William Ayala), 마리아 라이슈
(Maria Leisch), 프란츠 릴(Franz Reel),
천옌핑(Yanping Chen), 호세 루이스
마르티네스 메예르(José Luis Martínez
Meyer), 디아나 슈나이더(Diana
Schneider), 니나 게어라흐(Nina
Gerlach), 엔초 페레스(Enzo Peres),
헤닝 포센(Henning Vossen),
옐레나 코노노바(Jelena Kononova),
에바 포크슐라이트너(Eva Poxleitner)
(포어라들러 – page 244), 마티아스
블뤼멜(Matthias Blümel)(아이나르미거
반디트 – page 245), 마르틴 마이어
(Martin Meier)(뷔로헹스트 – page 246
#2, 슈트라센페거, 브란트슈티프터 –
page 247)
사진: 엠-웨이 AG(page 246 #2, page 247)
Pages 244 - 247

엘리안 사이클스(Elian Cycles)
www.eliancycles.com
디자인: 엘리안 펠트만(Elian Veltman)
사진: 요하임 반(Joachim Baan)
Pages 9, 72 – 73, 134 – 136

환경교통협회(ETA)
www.eta.co.uk
클라이언트: ilovemybike.co.uk
디자인: 야닉 리드(Yannick Read)
사진: 닉 마로디어스(Nick Maroudias)
Pages 166 – 167

에렌프레이스/발트 바이시클
컴퍼니(Erenpreiss/
Baltic Bicycle Company)
www.balticbicycle.co.uk
사진: 에렌프레이스 오리지널
(SIA Ērenpreiss Original)
Pages 118 – 119

에리크 슈피커만(Erik Spiekermann)
www.edenspiekermann.com
사진: 에리크 슈피커만, 더스틴 노더스(Dustin
Nordhus)(pages 84 – 85)
Pages 82 – 85

아이투핸드(Eyetohand)
www.eyetohand.com
디자인: 도미닉 하그리브스(Dominic
Hargreaves)
사진: 앤절라 무어(Angela Moore)
Page 215

F&Y
www.fny-mtl.tumblr.com

Design: 프레데리크 보비앵(Frédérique
Beaubien), 야니크 라이안(Yannic Ryan)
사진: 마르탱 플라망(Martin Flamand),
프레데리크 보비앵(page 98 왼쪽 아래)
Page 98

패러데이 바이시클스
(Faraday Bicycles)
www.faradaybikes.com
사진: 니컬러스 저처(Nicolas Zurcher)
Pages 242 – 243

패리스 엘마수(Faris Elmasu)
www.bentbasket.com
Page 141 (#1)

파이어플라이스(Fireflies)
www.thefirefliestour.com
리처드 루이손 참조

포크 엔지니어드(Folk Engineered)
www.folkengineered.com
디자인: 라이언 리델(Ryan Reedell),
마리 리델(Marie Reedell)
사진: 이냐키 비나익사(Iñaki Vinaixa)
Page 122

프라이탁(Freitag)
www.freitag.ch
클라이언트: 프라이탁
사진: 브루노 알더(Bruno Alder)
Page 57

기크하우스 바이크스(Geekhouse Bikes)
www.geekhousebikes.com
클라이언트: 브래드, 기크하우스, 버지(CX

키트 – page 51), 헤더, 록시티, 기크하우스(헤더의 록시티 – page 95 #3) 디자인: 마티 월시(Marty Walsh), 브래드 스미스(Brad Smith)(헤더의 록시티 – page 95 #3, 로라의 650B 우드빌 – page 193 #3) 사진: 헤더 맥그래스(Heather McGrath) Pages 51, 95 (#3), 193 (#3)

조지 마셜(George Marshall) www.georgemarshallphoto.com 클라이언트: 라파 서베이 블로그 사진: 조지 마셜 Page 261

고스트 바이크스(Ghost Bikes) www.ghostbikes.org 클라이언트: 고스트 바이크 조합 사진: 미건 윌버(Meaghan Wilbur), 윈터 라몬(Winter LaMon)(page 156 왼쪽, 오른쪽 위), 헤더 하비(Heather Harvey)(page 156 오른쪽 아래) Pages 156 – 157

하디 테헤라니(Hadi Teherani) www.haditeherani.de 클라이언트: 호크바이크 세일스 사진: 페터 고드리(Peter Godry) 도움: 얀 헤어슈킨트(Jan Herskind) Pages 240 – 241

하네브링크(Hanebrink) www.danhanebrinkbikes.com 디자인: 댄 하네브링크(Dan Hanebrink) 사진: 닉 워커(Nick Walker) Page 174, 뒤 면지

해리 제르니커(Harry Zernike) www.harryzernike.com 클라이언트: 라파 서베이 블로그 사진: 해리 제르니커 Pages 6, 16, 108, 259

하제 바이크스(Hase Bikes) www.hasebikes.com Page 246 (#1)

회브딩(Hövding) www.hovding.com 사진: 요나스 잉에르스테드트(Jonas Ingerstedt) Page 4 – 5, 61

허프네이걸 사이클스(Hufnagel Cycles) www.hufnagelcycles.com 디자인: 조던 허프네이걸(Jordan Hufnagel), 블레이크 허드슨(Blake Hudson)(호박색 유리병) 사진: 재러드 소니(Jared Souney), 빈센트 조지프 반케리(Vincent Joseph Bancheri)(page 111 위) Pages 110 – 111

이안 마하퓌(Ian Mahaffy) www.ianmahaffy.com 클라이언트: 브룩스 사진: 브룩스 Pages 42, 43 (왼쪽)

아이라 라이언 사이클스 (Ira Ryan Cycles) www.iraryancycles.com 사진: 아이라 라이언(Ira Ryan) Page 106 (#1)

이탈리아 벨로체(Italia Veloce) www.italiaveloce.it 사진: 피에트로 비안키 포토그래피(Pietro Bianchi Photography) Page 86 – 89

얀 휘네베흐(Jan Gunneweg) www.jangunneweg.nl www.boughbikes.com 사진: 에리크 보스만(Erik Boschman), 에르너스트 셀레허르(Ernest Selleger) (page 237) Pages 232 (아래), 236 – 237

제프 존스 바이시클스 (Jeff Jones Bicycles) www.jonesbikes.com 디자인: 제프 존스 사진: 팀 티드볼(Tim Tidball) Page 175

호르헤 마녜스 루비오 (Jorge Mañes Rubio) www.seethisway.com 클라이언트: 시디스웨이 사진: 호르헤 마녜스 루비오, 매슈 부스(Matthew Booth)(왼쪽 아래) Pages 182 – 183

호세 카스트레욘 (José Castrellón) www.jose-castrellon.com 디자인, 사진: 호세 카스트레욘 모델: '침빌린'("Chimbilin")(page 62), 하비에르(Javier)(page 63) Pages 62 – 63

K

카라 긴더(Kara Ginther)
www.karaginther.com
사진: 카라 긴더 Page 10, 43 (오른쪽), 44

켄 스톨프먼(Ken Stolpmann)
www.fixedgeargallery.com
사진: 질 마리 브라운(Jill Marie Brown)
Page 233

케빈 커니프(Kevin Cunniffe)
www.alwaysriding.co.uk
디자인, 사진: 케빈 커니프
Pages 184 – 185

킨포크(Kinfolk)
www.kinfolkbicycles.com
사진: 윌 구던(Will Goodan), 카테브 하비브
(Kateb Habib)(page 91 왼쪽 아래)
Pages 90 – 91

키르시네르 브라질(Kirschner Brasil)
www.kirschnerbrasil.cc
디자인: 식스(Six)
사진: 폴 캘버(Paul Calver)
모델: 리카도 샤이트(Ricardo Pscheidt)
Page 224

L

라 파트리무안(La Patrimoine)
www.lapatrimoine.fr

디자인: 카로 폴레트(Caro Paulette)
사진: 카로 폴레트, 뤼시 치폴라(Lucie Cipolla)
Pages 112 – 113, 266 – 267

레이저 컷 스튜디오(Laser Cut Studio)
www.lasercutstudio.com
디자인: 애덤 로(Adam Rowe)
Page 99

이명수(Lee Myung Su)
www.leemyungsu.com
클라이언트: 이명수 디자인 랩
디자인, 사진: 이명수
Page 60 (#1)

레몰로 배기지(Lemolo Baggage)
www.lemolobaggage.com
디자인: 일라이어스 그레이(Elias Grey)
사진: 딜런 롱(Dylan Long)
Page 186 (#2)

더 레젠 라운지(The Lesen Lounge)
www.thelesenlounge.com
디자인: 리아 버커레프(Leah Buckareff)
사진: 에이던 베이커(Aidan Baker),
리아 버커레프(오른쪽 위)
목공: 카티 에거(Cati Egger)
Page 159

리틀퍼드 커스텀 바이시클스
(Littleford Custom Bicycles)
www.littlefordbicycles.com
디자인: 존 리틀퍼드(Jon Littleford)
Page 193 (#4)

록 세븐 자전거 카페(Lock 7 Cycle Café)
www.lock-7.com
디자인: 캐스린 버지스(Kathryn Burgess),
클라우디아 얀케(Claudia Janke)
사진: 클라우디아 얀케
도움: 스타니슬라프 고르카(Stanislav Gorka),
토마스 라돔스키(Tomas Radomski),
샘 맥빈(Sam McBean), 스티브 더 플러머
(Steve The Plumber)
Pages 128– 131

룩 멈 노 핸즈!
(Look Mum No Hands!)
www.lookmumnohands.com
디자인: 르윈 챌클리(Lewin Chalkley),
샘 험프슨(Sam Humpheson)
사진: 로버트 W. 메이슨(Robert W. Mason),
카트 융니켈(Kat Jungnickel)(page
132 위), 페니블러드(Penny Blood – www.
pennybloodsblackbook.com)(page
133 아래), 미힐 판베잉아르던(Michiel van
Wijngaarden)(page 133 오른쪽 위)
Pages 132 – 133

M

말로야(Maloja)
www.maloja.de
사진: KME 슈투디오스(KME Studios)
Pages 172 – 173

마이크 자이언트(Mike Giant)
www.mikegiant.com
치넬리 참조

미킬리(Mikili)
www.mikili.de
디자인: 레오폴트 브뢰츠만(Leopold
Brötzmann), 제바스티안
바카우스(Sebastian Backhaus)
사진: 아나 레헤(Anna Rehe)
Page 55

미제리코르디아
(Misericordia)
www.misionmisericordia.com
디자인: 미제리코르디아, 아비치(Abici)
사진: 오렐리앙(Aurelyen), 미제리코르디아
Pages 25, 117 (#2)

믹시(MIXIE)
www.mixiebike.com
클라이언트: 스크래치 트랙스
디자인: 제이슨 엔트너(Jason Entner)
Page 37

몬드라케르(Mondraker)
www.mondraker.com
클라이언트: 세로 디자인
사진: 다비드 폰세(David Ponce)
Page 214 (#2)

머더 뉴욕(Mother New York)
www.mothernewyork.com
Page 155

모토 바이시클스(MOTO Bicycles)
www.motobicycles.com
디자인, 사진: nr21 디자인, 모토
Page 38

무아나(Moynat)
www.moynat.com
사진: DR 무아나
자전거: 아비치(Abici)
Page 56

마이온바이크(myownbike)
www.myownbike.de
Page 95 (#4)

논유주얼(Nonusual)
www.nonusual.com
사진: 자타니 아키라(Akira Chatani),
후지와라 유(Yu Fujiwara)(page 100 아래)
Pages 100 – 101

오하나 픽스트
(Ohana Fixed)
ohanafixed.tumblr.com
빅테이트 참조

페이퍼걸(Papergirl)
www.papergirl-berlin.de
디자인: 아이샤 로니거(Aisha Ronniger)
사진: 아이샤 로니거, 롤란트 필츠
(Roland Piltz)(page 162 왼쪽 아래),
저스트(Just)(page 163)
Pages 162 – 163

파소니(Passoni)
www.passoni.it
디자인: 파소니 티타니오(Passoni Titanio SRL)
Page 218 – 219

폴 컴포넌트 엔지니어링
(Paul Component Engineering)
www.paulcomp.com
사진: 조노 데이비스(Jono Davis)
Page 140

파베 퀼튀르 시클리스트
(Pavé Culture Cycliste)
www.pave.cc
Pages 216 – 217

펠라고(Pelago)
www.pelagobicycles.com
디자인: 미코 휘퓌넨(Mikko Hyppönen)
Pages 107, 146 (#2)

펠라그로(Pelagro)
www.pelagro.de
디자인: 페터 라이바허(Peter Laibacher)
사진: 리하르트 베커(Richard Becker)
(page 200), 슈테판 보어만(Stefan
Bohrmann)(page 202)
Pages 200 – 202

푸조 사이클스(Peugeot Cycles)
cycles.peugeot.fr
Page 70 (#2)

푸조 디자인 연구소
(Peugeot Design Lab)
www.peugeotdesignlab.com
클라이언트: 푸조 사이클스
디자인: 카헐 로크네인(Cathal Loughnane)
(DL121 – page 26), 뱅자맹 구두(Benjamin
Goudout)(eDL132 - page 204 #1), 닐
심프슨(Neil Simpson)(오닉스 – page 204 #2)
Pages 26 – 27, 204 – 205

PG-바이크스(PG-Bikes)
www.pg-bikes.com
사진: 크리스 콜스(Chris Colls)
모델: 올랜도 블룸(Orlando Bloom)
Pages 248 – 249

쿼테르(Quarterre)
www.quarterre.com
Page 54

R

라파(Rapha)
www.rapha.cc
디자인: 브링크워스(Brinkworth)
사진: 앨릭스 프랭클린(Alex Franklin),
제임스 퍼셀(James Purssell)
Pages 96 – 97

라파엘 사이클스
(Raphael Cycles)
www.raphaelcycles.com
클라이언트: 제프리(풀 드레스 투어러 –
page 188), 조시(더트 캠퍼 – page 189 아래)
디자인: 라파엘 아일(Raphael Ajl)
사진: 라파엘 아일, 제프리 콜번(Geoffrey
Colburn)(풀 드레스 투어러 – page 188)
Pages 188 – 189

레트로론더(RetroRonde)
www.crvv.be
디자인: 유리 바네인(Joeri Wannijn)
사진: 마르크 데모르(Marc Demoor),
쿤 데흐로터(Koen Degroote)(page 67
오른쪽 아래, page 69 오른쪽 아래)
Pages 64, 66 – 69, 262 – 263

리처드 루이손(Richard Lewisohn)
www.lewisohn.co.uk
클라이언트: 파이어플라이스 투어
사진: 리처드 루이손
메이크업: 캔디 앨더슨(Candy Alderson)
Pages 73 – 75, 199

리테 바이시클스(Ritte Bicycles)
www.rittecycles.com
클라이언트: 리테 바이시클스
디자인: 스펜서 캐넌(Spencer Canon)
사진: 제이슨 로하스(Jason Rojas)
Page 221

리벤델 바이시클 워크스
(Rivendell Bicycle Works)
www.rivbike.com
Pages 194 – 197

로버트 웩슬러(Robert Wechsler)
www.robertwechsler.com
사진: 로버트 웩슬러
Page 164

S

셰이프 필드 오피스
(Shape Field Office)
www.shape-sf.com
디자인: 니컬러스 리들(Nicholas Riddle)
사진: 커티스 마이어스(Curtis Myers)
Pages 104 – 105

신트 크리스토포뤼스
(Sint Christophorus)
www.sintchristophorus.nl
디자인, 사진: 미힐 판덴브링크(Michiel
van den Brink)
Page 45

사이즈모어 바이시클
(Sizemore Bicycle)
www.sizemorebicycle.com
디자인, 사진: 테일러 사이즈모어(Taylor
Sizemore)
Page 106 (#2)

셉스훌트(Skeppshult)
www.skeppshult.se
디자인: 비에른 달스트룀(Björn Dahlström)
사진: 파트리크 요헬(Patrik Johäll)
Pages 150 – 151

스퍼사이클(Spurcycle)
www.spurcycle.com
Page 36

스타니스와프 프워스키
(Stanisław Płoski)
www.stanislawploski.com
사진: 스타니스와프 프워스키, 피오트르
안토누프(Piotr Antonów)(page 234)
Pages 234 - 235

스탠리지 스피드(Stanridge Speed)
www.stanridgespeed.com
디자인: 애덤 엘드리지(Adam Eldridge)
사진: 데이비드 시글러(David Sigler)
Page 153

스티븐 네레오(Steven Nereo)
www.singleape.com
사진: 스티븐 네레오
Pages 33, 171

스위프트 인더스트리스
(Swift Industries)
www.builtbyswift.com
디자인: 마티나 브리머(Martina Brimmer)
사진: 러스 로카(Russ Roca)
Pages 187

T

테리 리카도(Terry Ricardo)
terryricardo.tumblr.com
클라이언트: 멜버른 자전거 축제
Page 71

티노 폴만(Tino Pohlmann)
www.t-pohlmann.de

클라이언트: 아인타우젠트 매거진
사진: 티노 폴만
Pages 40 – 41

도쿄바이크(Tokyobike)
www.tokyobike.com
Pages 8, 46 – 49

트리스탕 코프
(Tristan Kopp)
www.tristankopp.com
디자인, 사진: 트리스탕 코프, 가스파르
티네-브레(Gaspard Tiné-Berès –
www.gaspardtineberes.com)
(마마 로바 – page 180 – 181)
사진: 트리스탕 코프
도움: 히카르두 카르네이루(Ricardo
Carneiro,) 루 랭(Lou Rihn),
클레르 퓌멕스(Claire Fumex)
(프로듀저 – page 238)
Pages 180 – 181, 238 – 239

트루 유니크(True Unique)
www.trueunique.de
클라이언트: 미파
디자인: 마누엘 둘츠(Manuel Dulz)
사진: 마누(Manu)(트랜스포트 푹스 –
page 137), 슈테판 레흐슈타이너
(Stefan Rechsteiner)(더 우든 투트랙 –
page 102)
Pages 102 – 103, 137

쓰네히로 사이클스
(Tsunehiro Cycles)
www.tsunehirocycles.com
클라이언트: 데이나 헤이스/쓰네히로 사이클스
디자인: 롭 쓰네히로
사진: 애나 M. 캠벨(Anna M.
Campbell)(그로서리 게터 – page 123)
클라이언트: 오리건 매니페스트 디자인
챌린지, 사일러스 비비 ID+
디자인: 롭 쓰네히로, 사일러스 비비(Silas
Beebe)(오리건 매니페스트 미드테일 -
page 190 #1)
Pages 123, 190 (#1)

UBC
ww.ubc-coren.com
디자인: 크리스티안 찬초티(Christian
Zanzotti)
Page 213

위고 가토니(Ugo Gattoni)
www.ugogattoni.fr
클라이언트: 노브로
사진: 피에르-뤼크 바롱-모로(Pierre-Luc
Baron-Moreau)
Page 154

울트라치클리(Ultracicli)
www.ultrabox.it
사진: 마르코 마르텔리(Marco Martelli)
Pages 52 – 53

밸리 컴포넌츠
(Vallie Components)
www.valliecomponents.com
클라이언트: 앤드루 섀넌
디자인: 라일 밸리(Lyle Vallie)
사진: 모건 테일러(Morgan Taylor)
Page 186 (#1)

뱅가드(Vanguard)
www.vanguard-designs.com
사진: 뱅가드

Pages 18 – 19, 24, 109 , 116, 117 (#3),
120 – 121

벨로노테(Velonotte)
www.velonotte.blogspot.pt
사진: 조 버리지(Jo Burridge), 사샤
랏콥스카야(Sasha Radkovskaya)
(page 168 위), 마샤 미트로파노바(Masha
Mitrofanova)(page 169 위)
Pages 168 – 169

벨로비스(Velorbis)
www.velorbis.com
Pages 147 (#4), 148 (#1), 149 (#3)

빅테이트(Victate)
www.victate.co.uk
사진: 에드워드 리(Edward Li)
모델: 오하나 픽스트(Ohana Fixed)
Pages 28 – 29

월넛 스튜디올로(Walnut Studiolo)
www.walnutstudiolo.com
디자인: 제프리 프랭클린(Geoffrey Franklin)
사진: 에린 버젤(Erin Berzel), 오스틴 굿먼
(Austin Goodman)(page 59 오른쪽 아래)
Pages 58 – 59

원 헌드레드(Won Hundred)
www.wonhundred.com
쉬켈파브리켄 참조

워크사이클스(Workcycles)
www.workcycles.com,
www.bakfiets-en-meer.nl
Pages 146 (#1), 147 (#3)

야일 리브네(Yael Livneh)

www.yaeliv.com

Page 138

정영근(Yeongkeun Jeong)

www.yeongkeun.com

디자인: 정영근, 정아름(Areum Jeong)

Page 139

야마다 유지(Yuji Yamada)

www.yamada.mods.jp

Page 203

사진: 해리 제로니카

Velo-2nd Gear:
Bicycle Culture and Style
By R. Klanten, S. Ehmann
Copyright © 2013 by Die Gestalten
Verlag GmbH & Co. KG

All rights reserved. No part of this
publication may be reproduced
or transmitted in any form or by any
means, electronic or mechanical,
including photocopy or any storage and
retrieval system, without permission
in writing from the publisher.

Korean Translation Copyright © 2014
Propaganda Press.
Korean edition is published by
arrangement with Die Gestalten
Verlag GmbH & Co. KG through BC
Agency, Seoul

벨로: 자전거 문화와 스타일
초판 2014년 8월 1일
기획: 바이시클 프린트
편집: 게슈탈텐
서문·피처: 샨퀴스 모레노
번역: 정은주
북 디자인: 신덕호

프로파간다
경기도 파주시 파주출판도시 498-7
T. 031-945-8459
F. 031-945-8460
www.graphicmag.co.kr

값 25,000원
ISBN 978-89-98143-21-3 (03690)

ⓒ 2014 프로파간다

이 책의 한국어판 저작권은 BC에이전시를
통한 저작권자와의 계약으로 프로파간다에
있습니다. 저작권법에 의해 보호를 받는
저작물이므로 무단 전제와 복제를 할 수
없습니다. 이 책에 사용된 사진 및 텍스트
등을 어떠한 용도로든 사용을 원할 경우,
출판사의 서면 동의를 구해야 합니다.

정은주 (옮긴이) 고려대 영어영문학과를
졸업하고 서울대 공연예술학 석사과정을 수료한
후 번역가로 일하고 있다. ‹GRAPHIC›
국제판의 영한 번역과 감수를 맡아 왔고 ‹W›,
‹CA›, ‹바이시클 프린트› 등 여러 잡지와
「연필 깎기의 정석」, 「디자이너가 되는 방법」,
「프린트 디자인」(공역) 등을 번역했다.

사진: 조재미슬